网络控制系统的分析与控制

孙业国　著

科　学　出　版　社

北　京

内 容 简 介

网络控制系统及相关研究是近年来科研领域的研究热点，该项研究不仅具有重要的理论意义，而且具有广泛的应用价值。本书的内容主要取材于作者及合作者近几年的研究成果，深入浅出地讲解网络控制系统的渐近稳定性分析与控制和有限时间稳定性分析与控制。本书侧重于介绍网络控制系统的渐近和有限时间稳定性与控制算法的一些新方法，这些方法有的是作者近年来所提出的，有的是作者对原方法进行的改进和发展。

本书可供高等院校和科研院所从事网络控制系统研究的教师、科研人员、博士和硕士研究生等阅读，同时可作为高等院校控制理论与控制工程、计算机应用技术、系统工程、机械工程与自动化、信息与计算科学、运筹学与控制论等相关专业的高年级本科生、硕士和博士研究生的专业参考书。

图书在版编目(CIP)数据

网络控制系统的分析与控制/孙业国著.—北京：科学出版社，2019.11

ISBN 978-7-03-063151-0

Ⅰ. ①网… Ⅱ. ①孙… Ⅲ. ①互联网络－控制系统－分析②互联网络－控制系统－系统设计 Ⅳ. ①TP393.4

中国版本图书馆CIP数据核字(2019)第244841号

责任编辑：姚庆爽 / 责任校对：彭珍珍
责任印制：吴兆东 / 封面设计：蓝正设计

科学出版社出版
北京东黄城根北街16号
邮政编码：100717
http://www.sciencep.com
北京凌奇印刷有限责任公司印刷
科学出版社发行 各地新华书店经销
*
2019年11月第 一 版 开本：720×1000 1/16
2019年11月第一次印刷 印张：10 3/4
字数：215 000

POD定价： 88.00元
(如有印装质量问题，我社负责调换)

前 言

20 世纪 90 年代以来，随着计算机技术、通信技术、网络技术及控制理论的发展，网络控制技术及在网络平台上构筑而成的网络控制系统已成为自动化领域技术发展的热点。网络控制系统主要分为网络控制、基于网络的控制、多智能体系统三个研究领域。网络控制是针对网络自身的控制，主要是对通信网络的网络路由、网络流量等的调度与控制；基于网络的控制是对被控系统的控制，网络只是作为一种传输通道，研究时考虑网络自身存在的问题对系统的影响，对整个闭环系统进行建模、性能分析及控制器的设计等；多智能体系统主要是研究网络的拓扑结构和多智能体之间的相互作用对整个系统行为的影响。

本书第 1 章主要阐述网络控制系统的研究背景及意义，同时分别对网络控制系统的无限时间控制与有限时间控制进行综述。在综述前人研究成果的基础上，指出目前网络控制系统研究存在的问题及本书要研究的问题。

本书第 2～8 章主要针对基于网络的控制系统中的时延、丢包、多输入多输出问题，基于 Lyapunov 稳定性理论、切换系统理论、Markov 跳变系统理论、时滞系统理论及线性矩阵不等式方法，对线性系统、非线性系统的网络控制问题，以及网络控制系统的实际应用进行了深入地研究。

本书第 9～11 章主要针对网络控制系统中的时延和丢包问题，基于有限时间稳定性理论，运用线性矩阵不等式，对时延网络控制系统的有限控制、丢包网络控制系统的有限时间控制、同时受时延和丢包影响的网络控制系统的有限时间控制等问题展开深入研究。

本书的相关研究内容及本书的出版得到了国家自然科学基金(网络控制系统的有限时间分析与综合，项目编号：61403157)和安徽省高等学校自然科学研究重点项目(面向危险任务的异构多机器人混杂系统的协同控制研究，项目编号：KJ2019ZD48)等多个项目的资助，在此表示诚挚的感谢。

由于作者水平有限，无论在理论分析还是仿真实验方面，都难免存在不足之处，恳请同行专家和广大读者批评指正，同时也欢迎同行专家和广大读者针对相关问题进行学术交流与讨论。

作者邮箱：yeguosun@126.com。

作　者

2019 年 9 月

目　　录

第1章 绪　　论

1.1　背景及意义

随着计算机技术、网络通信技术和控制科学的日益发展与交叉渗透，控制系统的结构变得越来越复杂，空间分布越来越广，对系统控制性能的要求也越来越高。控制系统已由封闭集中体系逐渐向开放分布式体系发展。集中式控制系统和集散式控制系统都有一些共同的缺点，即随着现场设备的增加，系统的布线十分复杂，成本大大提高，抗干扰性较差、灵活性不够、扩展不方便等。为了从根本上解决这些问题，必须采用分布式控制系统来取代独立控制系统。分布式控制系统就是将控制功能下放到现场节点，不需要一个中央控制单元来集中控制和操作，通过智能现场设备来完成控制和通信任务。将计算机网络系统应用于控制系统中代替传统的点对点式的连线，使得众多的传感器、执行器和控制器等系统的主要功能部件通过网络相连接，相关的信号和数据通过通信网络进行传输和交换。避免了彼此间专线的敷设，可以有效减少系统的重量和体积；方便系统的安装与维护，提高系统的诊断能力；并且可以实现资源共享、远程操作和控制。这种传感器、控制器、执行器等通过实时网络构成的闭环反馈控制系统称为网络控制系统，是计算机网络技术、通信技术、传感器技术和控制科学日益发展与交叉融合的产物，是计算机网络技术在控制领域的延伸和应用，是计算机控制系统的更高发展。

关于网络控制系统的研究可以追溯到 20 世纪中后期，Ray 等[1-3]对集成通信控制系统(integrated communication and control systems，ICCS)做了大量的早期研究工作，ICCS 可以看作是现代网络控制系统的雏形。网络控制系统(networked control systems，NCS)最早出现于马里兰大学 Walsh 等[4]的论著中,当时只是用图示方法说明了网络控制系统的结构，但未给出明确的定义。清华大学的顾洪军等[5]给出了如下的定义：利用通信网络实现地域上分布的现场传感器、控制器及执行器之间的信息相互交换，以达到被控对象的实时反馈控制，这样的一类控制系统称为网络控制系统。网络控制系统是在通信网络上建立的闭环控制回路，包含狭义的网络控制系统和广义的网络控制系统。基于工业以太网和现场总线技术的网络控制系统都可以看成是一种狭义的网络控制系统。广义的网络控制系统不但包括狭义的网络控制系统，还包括通过 Internet、无线网络、企业信息网络及企业内部网络，实现对工厂车间、生产线及工程现场设备的远程控制、信息传输、信息管理及信息分析等。网络控制系统最主要的结构特点是系统的反馈通过网络构成闭环，其一般结构如图 1.1 所示。

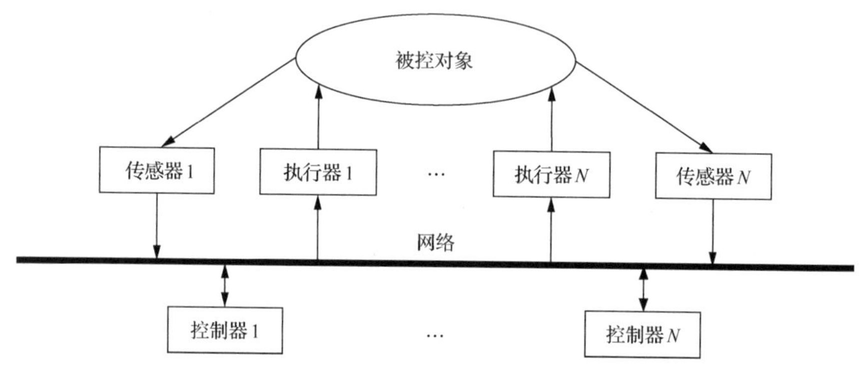

图 1.1　网络控制系统的一般结构

目前，网络控制系统通常有两种理解：①网络的控制(control of network)，指对网络路由、网络数据流量等的调度与控制[6]，这是对网络自身的控制，可以利用运筹学和控制理论等方法来实现；②基于网络的控制(control over network)，指控制系统各节点(传感器、控制器和执行器)之间的数据通过网络来传输，系统为分布式控制系统，可以通过建立其数学模型用控制理论等方法进行研究[7-11]。这两种系统都离不开控制和网络，只是侧重点不同。近 10 年来，网络控制问题受到了国际控制理论界和计算机科学界的广泛关注。目前，很多复杂的控制系统如无线网络机器人、运输工具、远程遥控操作、基于 Internet 的远程教学和实验、远程医疗、制造业设备、兵器系统，以及现场总线(Fieldbus)和工业以太网(Industrial Ethernet)技术等[12-16]，本质上都可归结为基于网络的控制系统。此外，网络控制系统在航空航天领域及复杂、危险的工业控制领域也具有广阔的应用前景。随着 NCS 在工业对象中的广泛应用，NCS 已经成为国际控制理论界的一个学术热点问题。IEEE、IFAC 和 *Automatica* 等刊物相继出版了网络控制系统研究方面的专刊。国内的《自动化学报》等期刊和重要的学术会议也有大量网络控制方面的研究报告[17-21]。国内关于网络控制系统方面的专著也很多[22-28]。

对 NCS 的研究涉及控制论、计算机科学、信息论、机械电子工程、软件工程、可靠性理论等多个学科领域。控制论、计算机科学和信息论是系统分析的理论基础。机械电子工程、软件工程和可靠性理论在工程现实中为设计方法提供指导。网络控制系统综合了数字通信技术、计算机技术、自动控制技术、网络通信技术和智能仪表等多种技术手段，从根本上突破了传统的“点对点”式信号控制的局限性，构成了一种全分散、全数字化、智能、双向、互连、多变量、多接点通信与控制的实时反馈控制系统。网络控制系统是一个跨越多个学科的研究领域，其分析与设计不仅涉及控制理论中离散、连续及混合等分析方法和控制技术，还要考虑通信网络中的信息传输技术。NCS 的性能不仅依赖于控制算法，还依赖于对网络资源的调度。网络控制系统的研究目标为：①设计和使用通信协议以保证通信网络的服务质量；②设计先进的控制器以满足系统的性能指标。因此，网络控制系统的研究既复杂又富含挑战性。

1.2 网络控制系统无限时间控制研究现状

网络控制系统是通信网络和控制系统的有机结合，对网络控制系统的研究包括控制和通信网络两个方面，所以研究网络控制系统的时延、丢包等问题也可以从两个不同角度进行。从控制角度出发，基本思想是将网络协议、拓扑结构、信道负载和网络时延等作为已知条件，将网络控制系统看作带有时延、丢包等的复杂控制系统进行分析并设计相适应的控制器，保证系统良好的控制性能和稳定性。从通信网络角度出发，基本思想是从拓扑结构、任务调度算法和介质访问控制层协议等方面提出解决方案，满足系统对实时性的要求，同时减小网络时延和丢包及它们的不确定性。另外，还可以将两种结合起来进行分析，从而解决网络控制系统的时延等问题。本书主要从控制理论角度来研究网络控制系统。从控制理论角度出发，网络控制系统又从各个不同侧重点得到了广泛的研究，例如，以传输时延为主要矛盾的时延网络控制系统，以数据包丢失为主要矛盾的丢包网络控制系统等。

1.2.1 时延网络控制系统的分析与综合

对于不同的网络控制系统，其建模方法也不尽相同，各种建模方法都有其优缺点。网络控制系统的建模方法主要取决于网络传输特性和网络节点的工作方式。一旦建立了网络控制系统的模型，其控制器设计方法也就取决于具体的模型。国内外很多学者在网络控制系统的建模方面已经做了深入的研究，针对不同的网络传输特性和网络控制策略，网络控制系统的建模及控制方法大体有以下几类。

1. 基于确定性系统的建模与控制

在 Luck 等[29-31]的研究中，传感器节点、控制器节点和执行器节点都采用时间驱动方式，通过时钟同步方式，网络中所有节点都是等周期同步采样。然后分别在控制器节点和执行器节点的接收端设置消息缓冲(message buffers)，并保证各自的缓冲长度比相应的网络延时要大。通过采用缓冲的方法，将基于网络的闭环控制系统变成为一个线性时不变离散控制系统，使得网络控制系统的设计问题转化为一般的数据采样控制问题；然后基于线性二次高斯(linear quadratic Gaussian，LQG)方法来设计网络控制系统的最优控制器。这种确定性系统设计方法的优点是，对于网络时延长于一个采样周期的情况也能够适用，能够应用已有的线性系统理论来设计网络控制系统；缺点是，由于网络节点以时间驱动方式工作，人为地增加了网络延时，并且在网络中还要实现各网络节点的时钟同步，增加了系统设计的难度。文献[32]在考虑了网络控制系统噪声的情况下，利用与文献[29]类似的方法设计了网络控制系统的多步时延补偿器。文献[33]利用文献[29]提出的网络控制系统的确定性模型，设计了网络控制系统的状态观测器。

2. 基于离散切换系统的建模与控制

Krotolica 等[34]和 Xiao 等[35]以离散系统方法研究网络控制系统，由于没有采用文献[29]中的排队缓冲策略，网络节点以时间驱动方式工作，因此网络延时为采样周期 T 的整数倍；并且，还假定网络时延满足 $\tau(k)\in(T,\cdots,mT)$，且具有 Markov 随机分布特性。采用这种离散跳变线性系统的建模及控制方法，其优点是对于时滞长于一个采样周期的网络控制系统特别适用，由于摒弃了排队缓冲策略，消除了网络延时中的等待延时。但是，文献[34]所设计的控制器仅依赖于从传感器到控制器的时延。文献[36]考虑了同时依赖于传感器到控制器时延及控制器到执行器时延的状态反馈控制器。文献[37]考虑了同时依赖于传感器到控制器时延及控制器到执行器时延的输出反馈控制器。

3. 基于变采样周期的网络化控制系统的建模与控制

在 Walsh 等[38-39]的研究中，为了消除控制器和执行器采用时间驱动方式带来的人为时滞，控制器节点和执行器节点采用事件驱动方式。并且假定网络传输速度足够快，采样时间和网络规划时间可以忽略不计，认为网络通信中只存在由节点竞争而导致的节点访问延时，反馈信息的延时可以忽略不计。引入了最大允许传递间隔(maximum allowable transfer interval，MATI)的概念，并在此基础上提出了保证系统稳定的网络传输调度算法：基于 Token-Ring 的静态节点规划和基于网络节点规划(try once discard，TOD)的动态规划算法。TOD 是指每个网络智能节点将当前数据值和上次传送的数据值进行比较，并计算权误差值，具有最大权误差值的节点具有网络的使用权，以尽可能地减小网络负载。然后基于 Bellman-Gronwall 不等式和误差摄动理论，分别得出了对于单包传输和多包传输条件下，网络控制系统指数稳定的充分条件。Bellman-Gronwall 不等式的保守性使得所得的结论非常保守，难以用于实际工程设计。Zhang 等[40-41]采用类似的建模方法将这类网络控制建模为变采样周期控制系统(时变离散系统)；为了减小结论的保守性，其将网络对控制系统的影响视为系统扰动，基于误差摄动理论得出了保守性较小的稳定性定理。文献[42]～[45]基于 Lyapunov 理论和 L_p 稳定性理论得出一些相关的稳定性结果。

4. 基于随机控制理论的网络控制系统的建模与控制

对于具有随机干扰的网络控制系统，Nilsson 等[46-49]基于随机最优控制理论来研究。Nilsson 主要研究的是时滞 τ 小于采样周期 T 的情况，将网络控制系统转化为 LQG 问题然后基于随机控制理论求解网络控制系统的最优控制器。Hu 等[50]进一步研究了时滞 τ 大于采样周期 T 的情况，并分别针对全部状态反馈和部分状态反馈给出使得系统指数均方稳定的控制器设计。

5. 基于模型参考的网络控制系统的建模与控制

Montestruque 等[51-53]基于对象模型研究网络控制系统，目的是通过使用对象模型信息减少网络通信负载以提高网络传输的实时性，以连续对象控制器为研究对象，仅考虑在传感器和控制器间存在网络通信的一类网络控制系统。此外，还进一步研究了输出反馈控制问题，以及网络时滞不可忽略时的控制问题，并取得了一些重要的成果。

6. 基于鲁棒控制理论的网络控制系统建模及控制

Goktas 等[54]基于频域理论设计了网络控制系统的鲁棒控制器，从控制器到执行器的时延 τ^{ca} 和从传感器到控制器的时延 τ^{sc} 可以被看成是同步施加的倍乘扰动。从而将不定时延问题化为标准的 H_∞ 控制器设计问题。于之训等[55]将鲁棒控制中的 H_∞ 和 μ 综合方法引入了控制器的设计，然后针对转化后的系统设计了鲁棒控制器，设计出的控制器对在一定范围内变化的时延都能保持稳定。鲁棒控制理论是针对实际工程中模型不确定性发展起来的，因此将网络控制系统作为不确定性系统问题可以尝试应用鲁棒控制器的设计方法来解决，其优点在于不需要有关时延分布特性的先验知识。该法关键是要将时延环节转化为系统的一个不确定块，同时考虑被控对象本身的不确定性，然后针对转化后的系统设计鲁棒控制器，这样设计出的控制器能同时保证网络控制系统的鲁棒稳定性和鲁棒性能指标，该性能指标是确定性的性能指标，而不是概率意义上的性能指标。文献[56]、[57]讨论了时延网络控制系统的 H_2 / H_∞ 混合控制问题。

7. 时延网络控制系统的其他研究方法

以上介绍的时延网络控制系统的研究方法是几种典型的研究方法，在国内还有很多其他的研究方法。如邱占芝等[58]对基于广义系统的网络控制系统进行研究，熊远生等[59]采用滑模预估控制方法的网络控制方法，黄剑[60]采用脉冲控制方法对网络控制系统进行研究，田仲等[61]基于预测控制方法对网络化控制系统进行研究等。

1.2.2　丢包网络控制系统的分析与综合

数据包丢失是引起网络控制系统性能下降、失稳的重要原因。丢包主要可以分为两种：一种是被动丢包，它是由网络链路故障及传输错误等因素造成的；另一种是主动丢包，如传输节点在高负载时为了使网络控制系统能够正常运行或者为了保证控制系统仍然具有期望的性能而主动地丢弃一些数据包等。目前对网络控制系统的传输延时问题的研究取得了一系列的成果，与此同时，越来越多的专家学者关注、研究数据包丢失问题，并取得了令人瞩目的成果。主要代表性控制策略和方法如下。

1. 丢包网络控制的切换控制策略

由于网络的存在，网络控制系统将依赖于数据包的传输和接收，系统的输入也将随着每个数据包的到达而改变或切换，一些研究者将网络控制系统中的数据包丢失问题简化为一类切换问题来研究。切换系统的稳定性问题的研究成果为网络控制系统的研究提供了一定的理论基础[62-64]。文献[65]、[66]将丢包过程建模成一个任意的有限切换的信号，并将切换系统的相关结论应用到网络控制系统的稳定性研究中。文献[40]针对网络传输丢包和多包发送的情况，将丢包网络控制系统建模成一个有事件率约束的异步动态系统，应用异步动态系统理论分析了丢包网络控制系统指数稳定性问题。这类异步动态系统模型可以看成一种特殊的切换系统模型。不足之处在于仅仅考虑了在传感器和控制器之间存在网络连接的情况。针对这一点，文献[67]建立了双边网络闭环控制系统模型，提出了保证系统指数稳定性的信号传输成功率的范围，解决了在保证系统稳定前提下允许多大程度数据包丢失的问题，并进一步提出了判定网络控制系统指数稳定性的充分条件。但以上文献只考虑了系统为状态反馈的情况，为此，文献[68]利用异步动态理论对具有输出反馈的网络控制系统进行了稳定性分析。然而仅仅分析系统的稳定性是不够的，还要考虑如何设计控制器来保证系统在丢包情况下的性能。文献[69]～[71]在这一方面作了相关的研究，Qiang等将功率谱密度引入到网络控制系统中，将丢包率作为衡量服务质量(quality of service，QoS)的一项性能指标，提供了一种通过系统的输出功率谱范数来直接联系网络控制系统的丢包率和网络控制系统的性能的方法，所建立的系统模型，其实质是一个切换系统。文献[72]研究了线性不确定系统的开关逻辑控制和稳定性，构造了与传输策略有关的控制器结构，考虑控制器无法获得传感器数据的最大时间间隔，文中分别设计了传输、周期性传输和随机传输等三种不同策略下的控制器和观测器。

2. 丢包网络控制的随机控制策略

文献[35]对传感器和控制器、控制器和执行器之间通信链路上存在随机时延和报文丢失的网络控制系统进行了研究。文中考虑的是离散被控对象，控制率是 Markov 模式依赖的状态反馈控制器，通过增广系统状态，闭环的网络控制系统具有状态反馈控制的结构，将随机时延系统建模成具有转移概率的 Markov 链，该模型兼顾了网络时延和丢包，通过将系统建模成 Markov

跳变系统，并应用 V-K 迭代的方法设计了开关型和非开关型控制器。文献[73]假定所有的传感器、执行器和控制器都通过通信网络连接在一起，仅仅考虑由网络拥塞策略带来的网络丢包对系统稳定性的影响，将研究问题归结在 LQG 框架下进行了讨论，并指出分离定理在此不再成立。同时采用了不确定域值原则和次优的方法简化了控制器和估计器的计算，将其转化为一个类 Riccati 方程的求解问题。文献[74]组合讨论控制输入信息和传感器输出信息是否存在丢包，将无干扰的网络控制系统转化为 Markov 跳变系统，最后将系统的均方稳定性条件归结为一系列线性矩阵不等式的可行解问题。

3. 丢包网络控制的鲁棒控制策略

实际系统中有许多不确定因素，不确定系统的鲁棒控制理论在处理模型不确定性、外部干扰信号不确定领域的复杂控制问题方面取得了成功。在网络控制系统的鲁棒控制特别是针对丢包问题的研究方面，目前成果有限。文献[75]兼顾了不确定网络时延和丢包的情况，将网络控制系统建模成一类线性离散切换系统，利用已有的线性离散切换系统的相关理论和分段 Lyapunov 方程，提出了网络控制系统的鲁棒稳定性和扰动衰减性分析。文献[76]将可能存在输出丢包的网络控制系统建模成 Markov 跳变系统，分析了系统的稳定条件，研究了系统的 H_∞ 控制问题。文献[77]研究了通信约束下网络控制系统的最优 H_∞ 控制问题，给出了 H_∞ 性能与通信序列之间的寻优算法。

1.2.3 面向复杂环境的网络控制系统优化控制

在复杂的网络环境下，网络控制系统还存在许多问题有待于研究，包括同时受到时延和丢包的影响的网络控制系统研究、多输入多输出网络控制系统的研究、非线性网络控制系统的研究等。目前对这些问题的研究也取得了一些初步成果。

1. 同时受时延和丢包干扰的网络控制系统的研究

基于迭代方法，文献[66]、[67]将任意丢包和定常时延网络控制系统建模为一个切换系统，运用切换系统理论和线性矩阵不等式方法给出系统的稳定性分析和控制器设计。基于切换系统的方法，文献[78]讨论了同时受丢包和时变时延影响的网络控制系统的稳定性和持续干扰的衰减性，但要求时延小于一个采样周期。文献[79]讨论了同时受丢包和时延大于一个采样周期影响的网络控制系统的控制器设计问题。文献[80]、[81]基于提升技术，将同时受丢包和时变时延影响的网络控制系统建模为一个切换系统，进一步运用锥补线性化方法给出控制器的设计方法。Yu 等[66]将同时受丢包和时变时延影响的网络控制系统建模为时滞系统，进而运用时滞系统理论对网络控制系统进行稳定性分析与控制器的设计。对连续时间系统，运用 Lyapunov-Razumikhin 函数方法；对离散时间系统，运用基于 Lyapunov-Krasovskii 方法。Yue 等[82]也将网络控制系统建模为时滞系统，运用时滞系统理论与自由权矩阵方法对网络控制系统进行稳定性分析与控制器的设计。由于运用了自由权矩阵方法，所得到的结果具有更小的保守性。文献[66]、[82]仅考虑单通道网络控制系统(传感器到控制器之间存在网络)，但现实的网络控制系统往往是双通道的(传感器到控制器及控制器到执行器都存在网络)，文献[83]将双通道网络控制系统建模为时滞系统，进而运用时滞系统理论进行稳定性分析与控制器设计。

2. 多输入多输出网络控制系统的研究

与单输入单输出网络控制系统相比较，多输入多输出网络控制系统本身具有多个传感器节点，会更多地受到网络环境的影响。首先，由于网络的分时复用，各传感器数据不可能同时到达控制器；其次，某些传感器的数据由于竞争失败可能无法成功传输，造成控制器节点在某些周期内不能收到全部传感器的数据。当然这些情况也可能出现在控制器节点和执行器节点间的数据传输。数据传输的不确定时延和数据的缺失使得系统的性能下降，甚至导致系统失稳。刘鲁源等[84]在推导了一类具有多个独立传感器和执行器的多变量网格控制系统的连续时间模型，但没有考虑模型时变被控对象及存在数据丢包等情况下的适用性；邱占芝等[85]探讨了一类由多个可完全解耦的子系统构成的多变量网络控制系统的建模和稳定性问题，基于线性时不变对象并采用状态反馈控制策略，建立了系统的数学模型；文献[86]在假设网络诱导时延是固定的且小于一个采样周期的前提下，给出了网络控制系统的离散时间模型；此外，樊卫华等[87]建立了只有传感器与控制器之间存在网络且采用时间驱动方式下的多变量网络控制系统模型。在网络控制系统的分析与设计中，系统的稳定性是系统的一种重要性质，关系到系统能否正常工作，是控制理论研究中首要考虑的问题之一。网络控制系统的稳定性主要涉及网络本身的稳定性及控制系统的稳定性。网络系统本身的稳定性是通过每个节点队列中的信息量来定义的，如果该信息量大于某一个常数或者随时间的增长信息量趋于无穷大时，就称该网络是不稳定的，网络系统的不稳定将有可能直接导致整个网络控制系统的不稳定。多输入多输出网络控制系统稳定性的定义同一般的系统定义方式相仿，但由于多输入多输出网络控制系统自身的特点，在分析稳定性时要考虑的情况也比较多，针对不同的模型都有其相应的稳定性判据。目前，多输入多输出网络控制系统稳定性的研究已有一些成果，Walsh 等[39]针对一个两阶对象，采用非线性控制理论深入研究了控制网络中存在不同延时情况下的系统稳定性；Lian 等[88]建立了传感器与控制器为时间驱动、执行器为事件驱动的多变量网络控制系统的模型，但是未给出系统的稳定性分析及控制器设计方法；Zhang 等[41]针对传感器采用多包传输的网络控制系统，忽略网络诱导时延，将网络控制系统建模为切换系统，分析了传感器数据封装为两个数据包时系统的稳定性；戴建国等[89]基于回路有界的状态反馈输入，建立闭环系统的 Lurie 时滞系统模型，应用 Lyapunov 稳定性理论和线性矩阵不等式工具，分析了各子系统在有扇形条件约束的绝对稳定性，同时得到网络控制系统全局稳定运行的最大允许时延界；向峥嵘等[90]研究了长时延有界的情况下，多输入多输出网络控制系统发生传感器故障时的控制器设计问题，并借助切换系统的理论，分析了网络控制系统的稳定性。

3. 非线性网络控制系统的研究

非线性网络控制系统是网络控制系统研究的一个重要分支，非线性系统本身的复杂性再加上网络的介入使得其分析非常困难，因此非线性网络控制系统的研究一直未得到关注，相关的文献也很少，仅有少数的学者对此作了一些初步的研究。Walsh 等[38]利用 Lyapunov 方法讨论了非线性网络控制系统的渐近稳定性并且获得了确保系统稳定的最大允许时延，该文献在对系统建模时将网络控制系统中的基本问题均归纳到由网络引起的误差中，该模型简单、易于分析，但是很难用于控制算法的设计及对丢包、乱序、时延等补偿方法的研究。Yang 等[91]假设在无网络的情况下非线性系统可镇定，在此基础上利用 Lyapunov 定理给出非线性网络控制系统渐近稳定的充分条件，并且得到网络诱导时延上界。Sun 等[92]基于 Lyapunov 稳定性定理和改进的 Razumikhin 方法研究了非线性网络控制系统的渐近稳性。文献[93]研究被控对象为 Lurie 系统的一类非线性网络控制系统，网络控制系统采用周期服务网络，网络中传感器节点为时钟驱动，控制器节点、执行器节点均为事件驱动。将此非线性网络控制系统建模为一类具有输入时延的非线性时延系统。针对所建立的网络控制系统数学模型，利用线性矩阵不等式的方法讨论在原有控制器下系统保持渐近稳定的充分条件，同时求取使系统保持渐近稳定的最大允许时延。文献[94]～[96]研究一类仿射非线性网络控制系统的稳定性并给出控制器的设计方法。文献[97]基于近似的离散时间模型研究了非线性网络控制系统的基于模型的稳定性并给出相应的网络协议。文献[98]研究仿射非线性网络控制系统的输出反馈稳定性。

面向复杂环境下的网络控制系统除了上述研究问题外，仍有许多问题有待进一步解决，如网络调度、数据包时序错乱、节点的驱动方式等，这些问题的有效解决将加快网络技术、控制技术的发展，完善网络控制系统研究的理论体系，促进网络控制系统在实际中的广泛应用。

1.2.4 网络控制系统所面临的挑战性问题与可能的解决途径

从网络控制系统的应用需求和发展趋势看，网络诱导时延和数据包丢失的问题最为突出，尽管在这方面已经取得了一定的研究成果，但是，随着应用需求之技术指标的不断提高，仍然存在着严重的挑战。主要问题可以归结如下。

(1) 对于具有网络诱导时延的网络控制系统，最常用的设计方法有两种：一种是将具有时变时延的不确定性系统确定化，一般是通过引入信息接收缓冲区来实现的，这种方法的缺点是缓冲区的引入导致所有的时延都转化成了最大时延，相当于人为地将时延进行了扩大化，降低了系统应有的性能；另一种方法是利用随机控制理论，使设计出的控制器能够保证系统统计意义上的稳定性和性能指标。目前，针对时延网络控制系统的研究，一方面，多数研究成果都是基于时延小于采样周期的情况，对时延大于一个采样周期的网络控制系统的控制问题的研究较少；另一方面，多数研究成果都是基于网络仅存在于传感器到控制器或控制器到执行器，对传感器到控制器及控制器到执行器同时存在网络的网络控制系统的控制问题的研究较少。因此，对时延大于一个采样周期和传感器到控制器及控制器到执行器同时存在网络的网络控制系统的控制问题需要做进一步的研究。

(2) 数据包丢失过程定义为两个连续成功传输的数据间的时间间隔序列，并将其看作是一个在有限集内取值的 Markov 过程，可以将丢包网络控制系统建模成 Markov 跳变线性系统，通过引入一个新的自由矩阵，得到了网络控制系统的均方稳定的充分条件。由于网络的复杂性，Markov 过程的状态转移矩阵中的部分元素是未知的，针对这种情况下的丢包网络控制系统的控制器的设计方法还有待解决。

(3) 目前对网络控制系统的讨论，多以单方面的时延影响或数据包丢失的影响为主，在复杂背景下，网络控制系统往往同时受时延和数据包丢失的干扰。对于同时存在网络诱导时延和数据包丢失的网络控制系统的分析与控制的研究还比较初步。我们认为这也将是今后网络控制系统研究的重点之一。

(4) 当前对于网络控制的研究，大多数集中在线性系统，而对于不确定线性系统、非线性系统、不确定非线性系统的网络化控制研究则比较滞后，其相关报道也很少。而实际上大多数控制系统都具有模型不确定性和非线性特性，因此非线性系统的网络化控制研究也是网络控制系统研究领域必不可少的内容。

(5) 另外，目前对网络控制系统的讨论，主要是针对单输入单输出，对于多输入多输出网络控制系统的研究较少，尤其是时变多输入多输出网络控制系统几乎是没有研究。

针对时变时延确定化导致系统性能下降的问题，本书试图将网络传输时延建模为 Markov 过程，从而得到网络控制系统的随机模型，利用 Lyapunov 理论、线性矩阵不等式理论和 Markov 跳变系统理论获得新的时延网络控制系统稳定性条件和控制器设计方法；针对由网络复杂性导致 Markov 过程的状态转移矩阵中的部分元素未知的问题，本书试图将丢包过程分为任意丢包和 Markov 丢包两个部分，进而运用切换系统理论和 Markov 跳变系统理论得到丢包网络控制系统稳定性条件和控制器设计方法；针对网络控制系统中同时存在时延和丢包问题，基于零阶保持器的工作机制，本书试图将同时受时延和丢包影响的网络控制系统建模为输入带有时延的控制系统，进而运用时滞系统理论得到丢包网络控制系统稳定性条件和控制器设计方法；针对非线性网络控制系统的时延问题，本书试图运用 Lyapunov 稳定性理论并结合 Razumikhin 理论，给出其稳定性的判据和控制器设计方法；针对网络控制系统多输入多输出问题，本书试图建立相应的标称系统和不确定系统的数学模型，运用奇异系统的方法，并结合线性矩阵不等式技巧，给出标称系统和不确定系统的低保守性稳定性判据。

1.2.5 网络控制系统研究方法的发展与进化

本书主要从控制理论角度出发研究网络控制系统，即以控制系统稳定性和控制性能为侧重点，以提高控制系统性能质量为目的，它的评价指标一般沿用了控制系统一些传统的性能指标，如系统稳定性、快速响应性能、平稳性、抗干扰性能、稳态保持性能等，在网络传输无错、数据长度相同、计算时间定长、时钟同步且偏差定长等假设条件下，将网络时延、丢包等因素作为已知条件，建立网络控制系统的连续/离散时间系统模型或混合系统模型，进而研究其稳定性、动态性能及系统控制律或控制器的设计策略。网络控制系统主要有以下研究方法。

1. 时间调度算法

一个网络控制系统除了满足作为控制系统的性能要求，如稳定性要求和采样周期的要求以外，还要满足作为网络系统的要求，如实时性传输要求。文献[99]针对令牌网提出了一种最优采样时间调度算法。该方法给共享同一网络通信介质的每个控制回路合理选择一个足够长的采样周期，保证网络时延不会影响控制性能，同时系统仍能保持稳定。每个控制回路的采样周期变化的上限是仍能使系统保持稳定的最大采样周期，下限是大于在网络传输最差的情况下网络时延的最小采样周期。这种方法用于多个具有周期时延的网络控制系统中，所有连接的每个网络控制系统的特性都预先知道。

2. 扰动分析法

文献[4]、[100]、[101]提出了网络控制系统的非线性扰动分析方法，将网络控制系统中网络时延的影响描述为一个连续系统逐渐消失的扰动，假设该连续系统无观测噪声。该方法是针对网络半回路系统(networked half-link system，NHLS)提出的，且该网络控制系统必须是可以对不同节点设置不同优先级的网络。扰动法的一个主要的优点是它能够应用到非线性系统中。但是由于这个方法是针对半回路的情况，并且要求系统采样周期很短，这样就可以将网络控制系统近似的作为连续系统来研究，从而可以使用连续系统的设计方法，因此其应用并不是很广。

3. 增广向量建模方法

增广状态向量方法的基本思想是将新构造的状态向量方程与系统原来的状态空间描述相综合，以得到新的系统状态空间描述。文献[1]、[2]基于被控对象的一个增广状态空间模型，该模型包含有随机时延的信息，在对象状态不能直接获得的情况下，给出了状态观测器的构造方法，并利用动态规划和最优控制原理，得到了有限时间随机最优状态反馈控制律。在上述控制策略中，信息的最大传输时延限定为一个采样周期。由于这种方法采用了增广状态，系统分析的复杂性大幅提高。

4. 缓冲队列分析方法

对于不确定时延的网络控制系统，一个常见的思路就是将不确定时延转变成确定时延，然后用常用的定常时滞系统控制方法进行补偿。文献[29]、[102]利用排队论的方法，通过在控制器和执行器设置缓存区使得系统由原来的时延可变系统转变为固定时延系统，提出基于确定性预测时延的补偿方法，该方法利用一个观测器来估计被控对象的状态，并基于过去输出的测量值来预估控制量，这些控制量和过去输出的测量值存储在一个先进先出的队列中，但是此时数据在存储区经历的时间大于数据在网络中可能经历的最大时延。由于观测器和预估器的性能取决于模型的精度，在这种方法中系统的动态模型必须很精确。

5. 混杂系统分析方法

文献[103]建立了网络控制系统与切换混杂系统之间的等价关系。文献[41]将离散时间网络控制系统建模为采样点与采样点间的切换系统模型，进而研究该模型下系统稳定的充分条件。在稳定性证明中仅限定 Lyapunov 函数在采样点的递减特性，所以得到了比文献[4]松驰的结果，但与实际情况相比仍较保守。进一步地，作者对离散时间定常网络控制系统在丢包和多包传输的网络环境下的稳定性进行了研究，将这两种情况下的 NCS 建模为具有一定切换速率限制的异步动态系统(asynchronous dynamical system，ADS)，分析了 ADS 模型下网络控制系统系统稳定的充分条件，但对于时延和丢包、多包传输共存的情况没有进行研究。

6. 最优随机控制方法

文献[48]、[49]从随机控制理论出发，对采用随机网络通信的工业控制系统提出了一种最优随机控制方法。这种方法将随机时延的影响看作 LQG 随机控制问题。文献[104]将其推广到多步随机时延情况，得到在传感器和执行器采用时间驱动方式，在控制器采用事件驱动方式策略下，给出了保证闭环系统均方稳定的必要条件，进而设计了在给定性能指标下的随机最优控制律。文献[105]对多步时延下多输入多输出单闭环网络控制系统建立时延可变系统状态模型，并将优化控制器的设计归结为线性二次型调节器(linear quadratic regulator，LQR)最优控制问题。上述方法对于线性时不变系统(linear time invariant，LTI)被控对象是有效的，但对于含有不确定的情况则不适用。文献[106]将服从高斯分布的随机长时延(时延大于一个采样周期)引入线性系统状态方程，得到系统增广状态方程及含有增广状态的 LQR 代价函数，实现了全维最优状态控制器的设计。

7. 鲁棒控制方法

文献[54]在频域中使用鲁棒理论设计了网络控制器，该控制器在实际网络中用双线性变换进行离散化，这种方法最主要的优点是它不需要对网络的时延有先验知识。另外，作者还给出了这种控制技术在有 QoS 保证异步传输模式(asynchronous transfer mode，ATM)网络中的应用。文献[55]从连续控制角度出发，将时延环节转化为不确定块，并用 Matlab 的分析和综合工具箱设计了鲁棒控制器，使得闭环系统具有较好的抗干扰能力。

此外，近几年还出现基于智能控制和基于容错控制的网络系统控制策略。文献[107]、[108]用模糊逻辑理论，设计了针对线性对象的网络控制系统的 PI 控制器，在该方法中，控制器增益可以随着网络时延所引起的输出误差的变化而变化，按照该方法设计的控制器，可以不做任何的改变就能适应网络环境；控制效果的好坏主要由所设计的模糊逻辑决定。文献[109]在此基础上提出误差的模糊区间的划分及隶属度函数在线调整的全自适应参数整定方法。文献[110]、[111]针对文献[54]所描述的网络控制系统，提出以网络服务质量(QoS)作为模糊调节器的输入，在线调整 PI 控制器参数，以抑制长时延对系统性能带来的不良影响。文献[112]和文献[113]分别应用遗传算法和模糊逻辑对 Profibus-DP 网络下，NCS 系统的控制器进行了设计和仿真实验，证明两种控制器对于网络时延的鲁棒性。文献[114]采用增益规划中间件的方法实现了现有控制器平滑至网络控制和遥操作环境下；文献[115]研究了 IP 网络环境下 PI 控制器的增益规划问题。文献[116]研究了基于 TTP/C 通信协议的容错网络控制系统的建模问题；文献[117]研究了网络控制系统的故障诊断和容错控制问题，探讨了网络时延和数据丢包下的故障检测、故障分离、容错控制，以及干扰解耦、噪声消除、稳定性分析等问题。尽管以上研究取得了一些成果，但由于网络控制系统还处于起步阶段，仍然存在许多问题有待解决，这些问题为研究人员的进一步工作提出了挑战。

1.3 网络控制系统有限时间控制研究现状

通常情况下，人们所关心的系统稳定性主要是 Lyapunov 稳定性。而 Lyapunov 稳定性刻画的是系统的稳态性能，它并不能反映系统的暂态性能[118]。然而，在实际工程中，除了系统的稳态性能外，暂态性能有时尤其重要，例如，导弹系统、通信网络系统、机器人操控系统，这些系统工作时间短暂，人们除了对其渐近稳定性感兴趣外，更关心系统满足一定的暂态性能要求[119]。事实上，一方面，一个在 Lyapunov 意义下稳定的系统，可能具有很坏的暂态性能(如超调量过大)，有时在工程中甚至根本无法应用；另一方面，系统不是 Lyapunov 渐近稳定的，甚至是没有平衡点，但是系统在一段有限时间间隔内能够保持很好的性能。因此，在实际工程中，人们更关心的往往是系统应满足一定的暂态性能要求。为了研究系统的暂态性能，必须讨论系统的有限时间稳定性[120-121]。

为了研究系统的暂态性能，1961 年，Dorato 提出了短时间稳定性概念，对线性系统的有限时间控制问题做出了分析研究[122]。1965 年，Weiss 等提出有限时间收敛稳定概念[123]，对非线性系统的有限时间稳定性进行了研究，随后又推广到存在扰动的非线性系统中，提出了有限时间有界输入有界输出(bounded input bounded output，BIBO)稳定概念[124]，通常称为有限时间有界(finite time boundedness，FTB)。相对于网络控制系统的无限时间控制研究，网络控制系统的有限时间控制起步相对较晚，研究成果也相对较少。Mastellone 等[125-127]讨论了基于模型的丢包网络控制系统的有限时间稳定性。然而，文献[125]～[127]没有给出控制器的设计方法。Shang 等[128]和 Sun 等[129]分别基于线性矩阵不等式的方法给出了转移概率全部未知和转移概率全部已知的随机丢包网络控制系统的有限时间稳定性分析与控制器设计方法，但是文献[128]没有给出有限时间有界性结果。Sun 等[130]在文献[128]、[129]的基础上，进一步研究了随机丢包网络控制系统的有限时间稳定性与有限时间有界性。Zhang 等[131]讨论了随机丢包网络控制系统的有限时间 H_∞ 控制。Shang 等[132]和 Sun 等[133]分别基于线性变换方法和离散化方法研究了常时延网络控制系统的有限时间控制问题。进一步，Shang 等[134]和 Li 等[135]又讨论了常时延网络控制系统的有限时间 H_∞ 控制。Gao 等[136]运用线性矩阵不等式方法给出连续不确定时延网络控制系统的稳定性分析与控制器设计方法。Xue 等[137]运用时滞系统方法研究了时延丢包网络控制系统分段稳定性问题。

对于网络控制系统的有限时间控制，一方面，由于缺少检验有限时间稳定性的有效工具，人们的兴趣主要集中在经典的 Lyapunov 稳定性上；另一方面，对网络控制系统的有限时间控制研究还处于起步阶段，仍然存在许多问题有待解决。

本书主要针对网络的控制系统中的时延和丢包问题，基于有限时间稳定性理论，运用线性矩阵不等式与非线性矩阵不等式凸优化方法，对时延网络控制系统的有限控制、丢包网络控制系统的有限时间控制、同时受时延和丢包影响的网络控制系统的有限时间控制及网络控制系统的实际应用等问题展开深入地研究。本项目的研究成果将发展和丰富网络控制系统的控制理论体系，为推动网络控制系统应用的发展进程，提高应用水平，提供先进的控制理论方法和应用技术储备。

1.4 小 结

本章首先介绍了网络控制系统的研究背景及意义，其次对网络控制系统的无限时间控制进行了研究综述，分析网络控制系统研究存在的问题，并针对存在的问题提出解决方案，最后对网络控制系统的有限时间控制进行了综述。

第2章　单边随机时延网络控制系统的分析与控制

2.1　引　　言

在网络控制系统中，采用载波监听多路访问的介质访问控制方式往往会产生随机的网络诱导时延，另外，受网络控制系统中网络负载、随机干扰及信息数据长度等不确定因素的影响，也往往使网络诱导时延表现出随机的特性，因此对于具有随机时延的网络控制系统进行研究具有更为实际的意义。

目前，针对网络控制系统中随机时延的处理主要分为三种情况。一种是将随机时延确定化，用确定性的理论进行研究，方法就是在控制器和执行器端分别设置接收缓冲区，缓冲区的长度要大于各自的最大的延迟周期数，这样就把随机时延化成了固定时延。而这样处理就使得研究结果具有很大的保守性。另一种情况是，对于包含随机时延的网络控制系统，可以考虑使用区间矩阵分析的方法，将随机时延归于系统的不确定性部分，将系统建模为不确定离散系统。第三种情况是，将随机时延视为概率分布已知的随机变量，将网络控制系统建模为随机系统，用随机系统的理论对其进行分析，特别的，假设时延的概率分布特性受 Markov 链约束，即传输时延序列构成一个 Markov 链。以下我们将针对这种情况的网络控制系统进行建模。

本章假设传感器到控制器的传输时延序列构成一个 Markov 链，在执行器端设置一个缓冲器使得控制器到执行器的传输时延为固定时延，从而把闭环网络控制系统建模为一个 Markov 跳变系统，进一步运用跳变系统理论和线性矩阵不等式方法对其进行稳定性分析与控制器设计。

2.2　单边随机时延网络控制系统的基本模型

考虑线性时不变系统

$$\dot{x}(t) = Ax(t) + Bu(t) \tag{2.1}$$

其中，$x(t) \in \mathbb{R}^n$ 和 $u(t) \in \mathbb{R}^m$ 分别表示系统状态和控制输入。A、B 为相应的

适当维数矩阵。此系统的网络控制结构可以用图 2.1 描述。

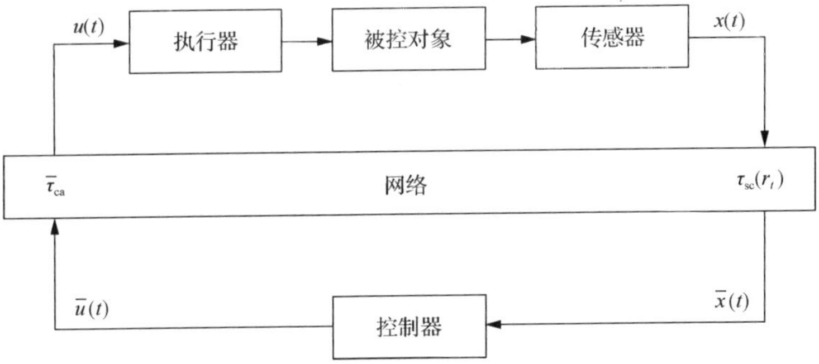

图 2.1　单边随机时延网络控制系统

传感器的采样周期为 T_s，从传感器到控制器的传输时延 $\tau_{sc}(r_t)$ 为随机量，而从控制器到执行器的传输时延 $\bar{\tau}_{ca}$ 为采用缓冲折算的最大极限量。其中，控制器到传感器的传输时延 $\tau_{sc}(r_t)$ 的模式切换由连续时间离散状态的 Markov 过程 r_t 所决定，r_t 取值于有限集合 $\zeta=\{1,2,\cdots,N\}$ 且 r_t 的生成元 $\Lambda=\left(\lambda_{ij}\right)(i,j\in\zeta)$ 由下式给出：

$$\Pr\left[r_{t+h}=j\middle|r_t=i\right]=\begin{cases}\lambda_{ij}h+o(h), & i\neq j\\ 1+\lambda_{ij}h+o(h), & i=j\end{cases}$$

其中，λ_{ij} 为从模式 i 到模式 j 的转移速率。当 $i\neq j$ 时，$\lambda_{ij}\geqslant 0$，当 $i=j$，$\lambda_{ii}=-\sum\limits_{j=1,\,j\neq i}^{N}\lambda_{ij}$，$h$ 为步长，$o(h)$ 为 h 的高阶无穷小量，即 $\lim\limits_{h\to 0}\dfrac{o(h)}{h}=0$。

假设 2.1　连续两次传输时延之差小于一个采样周期 T_s，即

$$\Pr\left(\left|\tau_{sc}(r_{t_{k+1}})-\tau_{sc}(r_{t_k})\right|\geqslant T_s\right)=0$$

其中，$t_k=kT_s$ 为第 k 个采样时刻。

假设 2.2　远程控制器能通过时间戳方法检测从传感器到远程控制器的时延。

假设 2.3　在执行器端设置缓冲区，使得从控制器到执行器的时延为常数 $\bar{\tau}_{ca}$。

由假设 2.2、假设 2.3 和图 2.1 可知，当 $t_k\leqslant t<t_{k+1}$ 时，控制律为

$$\begin{aligned} u(t) &= \bar{u}\left(t_k - \bar{\tau}_{\mathrm{ca}}\right) \\ &= K\left(r_t\right)\bar{x}\left(t_k - \bar{\tau}_{\mathrm{ca}}\right) \\ &= K\left(r_t\right)x\left(t_k - \tau_{\mathrm{sc}}\left(r_t\right) - \bar{\tau}_{\mathrm{ca}}\right) \end{aligned} \tag{2.2}$$

定义

$$\tau(r_t) = t - t_k + \tau_{\mathrm{sc}}(r_t) + \bar{\tau}_{\mathrm{ca}} \tag{2.3}$$

其变化关系如图 2.2 所示

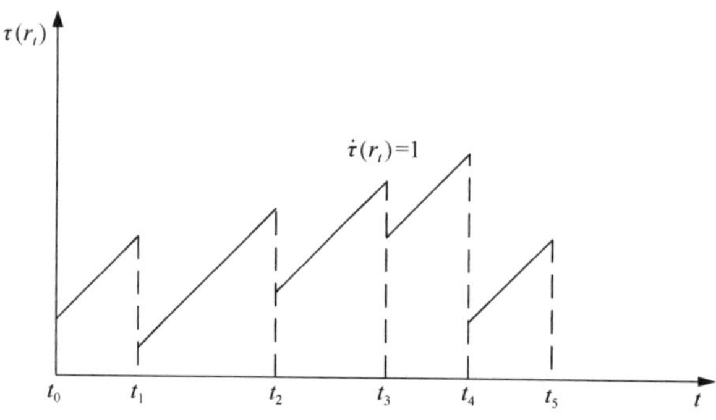

图 2.2　单边随机时延的变化关系

于是

$$u(t) = K(r_t)\left(t - \tau(r_t)\right) \tag{2.4}$$

由式(2.3)，$\tau(r_t)$ 的上界下界分别为

$$\begin{aligned} \bar{\tau} &= T_{\mathrm{s}} + \max_{i\in\zeta} \tau_{\mathrm{sc}}(i) + \bar{\tau}_{\mathrm{ca}} \\ \underline{\tau} &= \min_{i\in\zeta} \tau_{\mathrm{sc}}(i) + \bar{\tau}_{\mathrm{ca}} \end{aligned} \tag{2.5}$$

把式(2.4)代入系统(2.1)得闭环系统

$$\begin{aligned} &\dot{x}(t) = Ax(t) + BK(r_t)x\left(t - \tau(r_t)\right) \\ &x(\theta) = \phi(\theta), \quad \theta \in [-\bar{\tau}, 0] \end{aligned} \tag{2.6}$$

定义 2.1　对于任意给定的在$\left[-\bar{\tau}, 0\right]$上定义的初始状态函数$\phi(\theta)$，如果存在有限常数$T\left(\phi(\cdot), r_0\right)$使得

$$E\left(\int_0^\infty \|x(s)\|^2 \,\mathrm{d}s \,\Big|\left(\phi(\cdot), r_0\right)\right) < T\left(\phi(\cdot), r_0\right)$$

则称闭环系统(2.6)是随机稳定的。

引理 2.1[138](Schur 补定理) 对给定的对称矩阵 $M=\begin{bmatrix} M_{11} & M_{12} \\ M_{21} & M_{22} \end{bmatrix}$，其中 $M_{11}\in\mathbb{R}^{r\times r}$。下列三个条件等价：

(i) $S<0$;

(ii) $S_{11}<0,\ S_{22}-S_{12}^{\mathrm{T}}S_{11}^{-1}S_{12}<0$;

(iii) $S_{22}<0,\ S_{11}-S_{12}S_{22}^{-1}S_{12}^{\mathrm{T}}<0$。

引理 2.1 的证明参考文献[138]，这里从略。

2.3 单边随机时延网络控制系统的稳定性分析

本节主要讨论闭环系统(2.6)的随机稳定性，即在给定控制增益矩阵 $K(i)(i\in\zeta)$ 的情况下，给出系统(2.6)随机稳定性的判据。我们有如下的定理。

定理 2.1 对于给定的控制增益矩阵 $K(i)(i\in\zeta)$，如果存在正定矩阵 $P(i)(i\in\zeta)$ 和 Q，使得如下的线性矩阵不等式成立：

$$\begin{bmatrix} J(i) & P(i)BK(i) \\ * & -Q \end{bmatrix}<0 \tag{2.7}$$

其中

$$J(i)=A^{\mathrm{T}}P(i)+P(i)A+\sum_{j=1}^{N}\lambda_{ij}P(j)+\left(1+\left(\overline{\tau}-\underline{\tau}\right)\overline{\lambda}\right)Q$$

$$\overline{\lambda}=\max\left\{\left|\lambda_{ii}\right|,i\in\zeta\right\}$$

则闭环系统(2.6)是随机稳定的。

证明 选取 Lyapunov 泛函

$$V\left(x(t),r_t\right)=V_1\left(x(t),r_t\right)+V_2\left(x(t),r_t\right)+V_3\left(x(t),r_t\right)$$

其中

$$V_1\left(x(t),r_t\right)=x^{\mathrm{T}}(t)P\left(r_t\right)x(t)$$

$$V_2\left(x(t),r_t\right)=\int_{t-\tau(r_t)}^{t}x^{\mathrm{T}}(s)Qx(s)\mathrm{d}s$$

$$V_3\left(x(t),r_t\right)=\int_{-\overline{\tau}}^{-\underline{\tau}}\int_{t+\theta}^{t}x^{\mathrm{T}}(s)\overline{\lambda}Qx(s)\mathrm{d}s\mathrm{d}\theta$$

首先，对于 $r_t = i \in \zeta$，我们有

$$
\begin{aligned}
\dot{V}_1\left(x(t), i\right) &= \lim_{h\to 0}\frac{1}{h} E\left(V_1\left(x(t+h), r_{t+h}\right)\middle|\left(x(t), i\right) - V_1\left(x(t), r_t\right)\right) \\
&= \lim_{h\to 0}\frac{1}{h}\left(\sum_{j\neq i} E\left(\chi_{\{r_{t+h}=j\}} x^{\mathrm{T}}(t+h) P\left(r_{t+h}\right) x(t+h)\middle|\left(x(t), i\right)\right)\right. \\
&\quad \left. + E\left(\chi_{\{r_{t+h}=i\}} x^{\mathrm{T}}(t+h) P\left(r_{t+h}\right) x(t+h)\middle|\left(x(t), i\right)\right) - \dot{V}_1\left(x(t), i\right)\right) \\
&= \lim_{h\to 0}\frac{1}{h}\left(\sum_{j\neq i} \Pr\left[r_{t+h} = j \middle| r_t = i\right] x^{\mathrm{T}}(t+h) P\left(j\right) x(t+h)\right. \\
&\quad \left. + \Pr\left[r_{t+h} = i \middle| r_t = i\right] x^{\mathrm{T}}(t+h) P\left(i\right) x(t+h) - x^{\mathrm{T}}(t) P\left(i\right) x(t)\right)
\end{aligned}
$$

其中，$\chi_{\{\cdot\}}$ 为指示函数。因为

$$
\Pr\left[r_{t+h} = j \middle| r_t = i\right] = \begin{cases} \lambda_{ij} h + o(h), & i \neq j \\ 1 + \lambda_{ij} h + o(h), & i = j \end{cases}
$$

所以

$$
\begin{aligned}
\dot{V}_1\left(x(t), i\right) &= \lim_{h\to 0}\frac{1}{h}\left(\sum_{j\neq i} \Pr\left[r_{t+h} = j \middle| r_t = i\right] x^{\mathrm{T}}(t+h) P\left(j\right) x(t+h)\right. \\
&\quad \left. + \Pr\left[r_{t+h} = i \middle| r_t = i\right] x^{\mathrm{T}}(t+h) P\left(i\right) x(t+h) - x^{\mathrm{T}}(t) P\left(i\right) x(t)\right) \\
&= \lim_{h\to 0}\frac{1}{h}\left(\sum_{j\neq i} \left(\lambda_{ij} h + o(h)\right) x^{\mathrm{T}}(t+h) P\left(j\right) x(t+h)\right. \\
&\quad \left. + \left(1 + \lambda_{ii} h + o(h)\right) x^{\mathrm{T}}(t+h) P\left(i\right) x(t+h) - x^{\mathrm{T}}(t) P\left(i\right) x(t)\right)
\end{aligned}
$$

又因为

$$
\lim_{h\to 0}\frac{o(h)}{h} = 0
$$

所以

$$
\begin{aligned}
\dot{V}_1\left(x(t), i\right) &= \lim_{h\to 0}\frac{1}{h}\Bigg(\sum_{j\neq i}\left(\lambda_{ij}h+o(h)\right)x^{\mathrm{T}}(t+h)P\left(j\right)x(t+h) \\
&\quad +\left(1+\lambda_{ii}h+o(h)\right)x^{\mathrm{T}}(t+h)P\left(i\right)x(t+h)-x^{\mathrm{T}}(t)P\left(i\right)x(t)\Bigg) \\
&= \lim_{h\to 0}\frac{1}{h}\left(x^{\mathrm{T}}(t+h)P\left(i\right)x(t+h)-x^{\mathrm{T}}(t)P\left(i\right)x(t)\right)+x^{\mathrm{T}}(t)\sum_{j=1}^{N}\lambda_{ij}P\left(j\right)x(t) \\
&= \dot{x}^{\mathrm{T}}(t)P\left(i\right)x(t)+x^{\mathrm{T}}(t)P\left(i\right)\dot{x}(t)+x^{\mathrm{T}}(t)\sum_{j=1}^{N}\lambda_{ij}P\left(j\right)x(t)
\end{aligned}
$$

因此

$$
\dot{V}_1\left(x(t), i\right) = x^{\mathrm{T}}(t)\left(A^{\mathrm{T}}P(i)+P(i)A+\sum_{j=1}^{N}\lambda_{ij}P(j)\right)x(t)+2x^{\mathrm{T}}(t)P(i)BK(i)x\left(t-\tau(i)\right) \tag{2.8}
$$

其次

$$
\begin{aligned}
\dot{V}_2\left(x(t), i\right) &= \lim_{h\to 0}\frac{1}{h}E\left(V_2\left(x(t+h), r_{t+h}\right)\middle|\left(x(t), i\right)-V_2\left(x(t), r_t\right)\right) \\
&= x^{\mathrm{T}}(t)Qx(t)-x^{\mathrm{T}}\left(t-\tau(i)\right)Qx\left(t-\tau(i)\right)+\sum_{j\in\zeta}\lambda_{ij}\int_{t-\tau(j)}^{t}x^{\mathrm{T}}(s)Qx(s)\mathrm{d}s
\end{aligned} \tag{2.9}
$$

再次

$$
\dot{V}_3\left(x(t), i\right) = \bar{\lambda}\left(\bar{\tau}-\underline{\tau}\right)x^{\mathrm{T}}(t)Qx(t)-\bar{\lambda}\int_{t-\bar{\tau}}^{t-\underline{\tau}}x^{\mathrm{T}}(s)Qx(s)\mathrm{d}s \tag{2.10}
$$

同时，我们注意到

$$
\begin{aligned}
\sum_{j\in\zeta}\lambda_{ij}\int_{t-\tau(j)}^{t}x^{\mathrm{T}}(s)Qx(s)\mathrm{d}s &= \sum_{j\neq i}\lambda_{ij}\int_{t-\tau(j)}^{t}x^{\mathrm{T}}(s)Qx(s)\mathrm{d}s+\lambda_{ii}\int_{t-\tau(j)}^{t}x^{\mathrm{T}}(s)Qx(s)\mathrm{d}s \\
&\leqslant \sum_{j\neq i}\lambda_{ij}\int_{t-\bar{\tau}}^{t}x^{\mathrm{T}}(s)Qx(s)\mathrm{d}s+\lambda_{ii}\int_{t-\underline{\tau}}^{t}x^{\mathrm{T}}(s)Qx(s)\mathrm{d}s \\
&\leqslant \left|\lambda_{ii}\right|\int_{t-\underline{\tau}}^{t-\bar{\tau}}x^{\mathrm{T}}(s)Qx(s)\mathrm{d}s \leqslant \bar{\lambda}\int_{t-\underline{\tau}}^{t-\bar{\tau}}x^{\mathrm{T}}(s)Qx(s)\mathrm{d}s
\end{aligned} \tag{2.11}
$$

由式(2.8)～式(2.11)得

$$\begin{aligned}\dot{V}\left(x(t),r_t\right)&=\dot{V}_1\left(x(t),r_t\right)+\dot{V}_2\left(x(t),r_t\right)+\dot{V}_3\left(x(t),r_t\right)\\&\leqslant x^{\mathrm{T}}(t)\left(A^{\mathrm{T}}P(r_t)+P(r_t)A+\sum_{j=1}^{N}\lambda_{r_t j}P(j)\right)x(t)\\&\quad+2x^{\mathrm{T}}(t)P(r_t)BK(r_t)x\left(t-\tau\left(r_t\right)\right)+x^{\mathrm{T}}(t)Qx(t)\\&\quad-x^{\mathrm{T}}\left(t-\tau\left(r_t\right)\right)Qx\left(t-\tau\left(r_t\right)\right)+\overline{\lambda}\left(\overline{\tau}-\underline{\tau}\right)x^{\mathrm{T}}(t)Qx(t)\end{aligned}$$

于是

$$\begin{aligned}\dot{V}\left(x(t),r_t\right)&\leqslant\left[x^{\mathrm{T}}(t)\quad x^{\mathrm{T}}\left(t-\tau\left(r_t\right)\right)\right]\begin{bmatrix}J\left(r_t\right)&P\left(r_t\right)BK\left(r_t\right)\\ *&-Q\end{bmatrix}\begin{bmatrix}x(t)\\ x\left(t-\tau\left(r_t\right)\right)\end{bmatrix}\\&\leqslant-\lambda_{\min}\left(-\Theta\left(r_t,t\right)\right)\|x(t)\|^2\end{aligned}$$

其中

$$\Theta\left(r_t,t\right)=\begin{bmatrix}J\left(r_t\right)&P\left(r_t\right)BK\left(r_t\right)\\ *&-Q\end{bmatrix}$$

因此

$$\dot{V}\left(x(t),r_t\right)\leqslant-\beta\|x(t)\|^2$$

其中

$$\beta=\min_{i\in\zeta}\left(\lambda_{\min}\left(-\Theta\left(r_t,t\right)\right)\right)$$

由 Dynkin 公式，我们有

$$\begin{aligned}&E\left(V\left(x(t),r_t\right)\right)-E\left(V\left(x(0),r_0\right)\right)\\&=E\left(\int_0^t\dot{V}\left(x(s),r_s\right)\mathrm{d}s\,\middle|\left(x(0),r_0\right)\right)\leqslant-\beta E\left(\int_0^t\|x(s)\|^2\,\mathrm{d}s\,\middle|\left(x(0),r_0\right)\right)\end{aligned}$$

由于

$$E\left(V\left(x(t),r_t\right)\right)\geqslant0$$

所以

$$
\begin{aligned}
&\beta E\left(\int_0^t \|x(s)\|^2 \mathrm{d}s \,\middle|\, \left(x(0), r_0\right)\right) \\
&\leqslant E\left(V\left(x(t), r_t\right)\right) + \beta E\left(\int_0^t \|x(s)\|^2 \mathrm{d}s \,\middle|\, \left(x(0), r_0\right)\right) \\
&\leqslant E\left(V\left(x(0), r_0\right)\right)
\end{aligned}
$$

因此闭环系统(2.6)是随机稳定的。证毕。

2.4　单边随机时延网络控制系统的控制器设计

基于上节讨论的随机稳定性定理，本节主要研究控制器的设计问题。

定理 2.2　如果存在正定矩阵 $X(i)(i \in \zeta)$ 和矩阵 $Y(i)(i \in \zeta)$，使得如下的矩阵不等式成立：

$$
\begin{bmatrix}
\bar{J}(i) & X(i) & BY(i) & \varphi_i(X) \\
* & -\eta U & 0 & 0 \\
* & * & -U & 0 \\
* & * & * & -\psi_i(X)
\end{bmatrix} < 0 \tag{2.12}
$$

其中

$$
\begin{gathered}
\bar{J}(i) = X(i)A^{\mathrm{T}} + AX(i) + \lambda_{ii}X(i), \quad \eta = \left(1 + \left(\bar{\tau} - \underline{\tau}\right)\bar{\lambda}\right)^{-1}, \quad U = Q^{-1} \\
\varphi_i(X) = \left[\sqrt{\lambda_{i1}}X(i), \cdots, \sqrt{\lambda_{ii-1}}X(i), \sqrt{\lambda_{ii+1}}X(i), \cdots, \sqrt{\lambda_{iN}}X(i)\right] \\
\psi_i(X) = \mathrm{diag}\left[X(1), \cdots, X(i-1), X(i+1), \cdots, X(N)\right]
\end{gathered}
$$

那么闭环系统(2.6)是随机稳定的，且控制增益矩阵为 $K(i) = Y(i)U^{-1}(i \in \zeta)$。

证明　由定理 2.1 知，如果存在正定矩阵 $P(i)(i \in \zeta)$ 和 Q，使得线性矩阵不等式(2.7)成立，则闭环系统(2.6)是随机稳定的。由 Schur 补定理，线性矩阵不等式(2.7)等价于

$$
A^{\mathrm{T}}P(i) + P(i)A + \sum_{j=1}^{N}\lambda_{ij}P(j) + \left(1 + \left(\bar{\tau} - \underline{\tau}\right)\bar{\lambda}\right)Q + P(i)BK(i)Q^{-1}K^{\mathrm{T}}(i)B^{\mathrm{T}}P(i) < 0 \tag{2.13}
$$

将式(2.13)分别左乘和右乘 $X(i) = P^{-1}(i)$ 得

$$X(i)A^{\mathrm{T}}+AX(i)+X(i)\left(\sum_{j=1}^{N}\lambda_{ij}P(j)\right)X(i)+\eta^{-1}X(i)QX(i)+BK(i)Q^{-1}K^{\mathrm{T}}(i)B^{\mathrm{T}}<0$$

其中

$$\eta=\left(1+\left(\overline{\tau}-\underline{\tau}\right)\overline{\lambda}\right)^{-1}$$

又因为

$$X(i)\left(\sum_{j=1}^{N}\lambda_{ij}P(j)\right)X(i)=\lambda_{ii}X(i)+\varphi_i(X)\psi_i^{-1}(X)\varphi_i^{\mathrm{T}}(X)$$

因此

$$\begin{aligned}&X(i)A^{\mathrm{T}}+AX(i)+\lambda_{ii}X(i)+\varphi_i(X)\psi_i^{-1}(X)\varphi_i^{\mathrm{T}}(X)\\&+\eta^{-1}X(i)QX(i)+BK(i)Q^{-1}K^{\mathrm{T}}(i)B^{\mathrm{T}}<0\end{aligned}$$

令

$$Y(i)=K(i)U$$

那么

$$\begin{aligned}&X(i)A^{\mathrm{T}}+AX(i)+\lambda_{ii}X(i)+\varphi_i(X)\psi_i^{-1}(X)\varphi_i^{\mathrm{T}}(X)\\&+\eta^{-1}X(i)QX(i)+BY(i)U^{-1}Y^{\mathrm{T}}(i)B^{\mathrm{T}}<0\end{aligned}\tag{2.14}$$

由引理 2.1，式(2.14)等价于式(2.12)。证毕。

2.5 数值仿真示例

为验证我们所提出的方法的有效性，本节给出一个数值例子。考虑如下系统：

$$\begin{bmatrix}\dot{x}_1\\\dot{x}_2\end{bmatrix}=\begin{bmatrix}0&1\\0&0.5\end{bmatrix}\begin{bmatrix}x_1\\x_2\end{bmatrix}+\begin{bmatrix}0\\0.1\end{bmatrix}u(t)$$

显然，矩阵 A 的两个特征值分别为 0 和 0.5，因此，开环系统是不稳定的。设系统有两种切换模式，则 $\zeta=\{1,2\}$，且 Markov 过程 r_t 的生成元为

$$\Lambda=\begin{bmatrix}-10&10\\1&-1\end{bmatrix}$$

假设传感器的采样周期 T_s=0.2s，传感器到控制器的时延 $\tau_{sc}(1)=0.3\text{s}$, $\tau_{sc}(2)=0.4\text{s}$，控制器到执行器的时延 $\overline{\tau}_{ca}=0.1\text{s}$，由式(2.5)可知 $\overline{\tau}=0.7\text{s}$, $\underline{\tau}=0.4\text{s}$。取初始条件为 $\phi(\theta)=[1,-1]^{\mathrm{T}}, \theta\in[-0.7,0]$，下面我们将设计控制器(2.4)使得系统(2.6)随机稳定。由定理 2.2 和 Matlab 线性矩阵不等式工具箱，我们可以得到

$$X(1)=\begin{bmatrix}0.1875 & -0.0403\\ -0.0403 & 0.3725\end{bmatrix},\quad X(2)=\begin{bmatrix}0.3748 & 0.2192\\ 0.2192 & 0.3725\end{bmatrix}$$

$$U=\begin{bmatrix}0.4190 & -0.0980\\ -0.0980 & 0.8349\end{bmatrix}$$

$$Y(1)=\begin{bmatrix}-0.4654 & -13.1502\end{bmatrix},\quad Y(2)=\begin{bmatrix}0.4853 & -9.0143\end{bmatrix}$$

因此

$$K(1)=\begin{bmatrix}-4.9307 & -16.3302\end{bmatrix},\quad K(2)=\begin{bmatrix}-1.4601 & -10.9624\end{bmatrix}$$

图 2.3 和图 2.4 分别给出了闭环系统的状态响应和控制输入的仿真结果。

仿真结果表明，我们所设计的控制器使得系统是随机稳定的，从而说明我们所提出的设计方法是有效的。

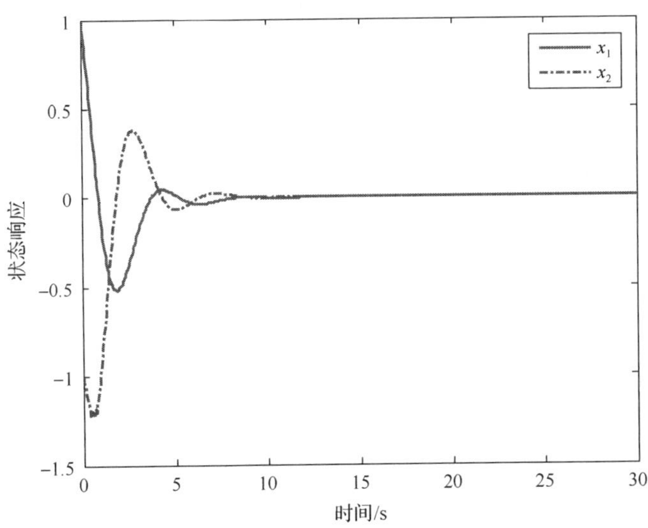

图 2.3　闭环系统的状态响应

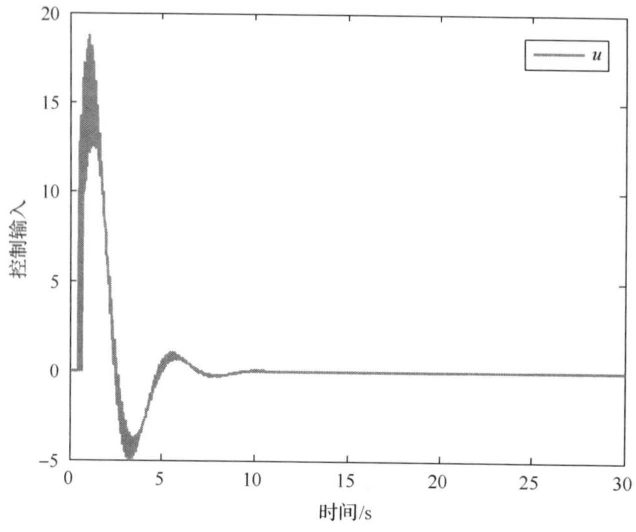

图 2.4　闭环系统的控制输入

2.6　小　　结

本章分析了网络时延对网络控制系统的性能影响，利用 Markov 跳变系统理论建立了具有随机时延的网络控制系统模型，给出了基于矩阵不等式的状态反馈网络控制系统随机稳定的充分条件。网络控制系统的状态反馈控制器增益矩阵可以通过矩阵不等式求出，仿真算例说明了本书所提方法的有效性。

第3章　双边随机时延网络控制系统的分析与控制

3.1　引　　言

在第 2 章中，我们通过在执行器端设置一个缓冲器使得控制器到执行器的传输时延为固定时延，这样就把随机时延化成了固定时延。而这样处理就使得研究结果具有很大的保守性。本章考虑传感器到控制器及控制器到执行器均为随机时延的网络控制系统。把闭环网络控制系统建模为一个 Markov 跳变系统，运用 Razumikhin 定理对其进行稳定性分析。由于得到的稳定性条件以双线性矩阵不等式给出，不能直接运用线性矩阵不等式的方法进行控制器设计，为此，我们提出了一种新的控制器设计方法。

3.2　双边随机时延网络控制系统的基本模型

考虑线性时不变系统

$$\dot{x}(t) = Ax(t) + Bu(t) \tag{3.1}$$

其中，$x(t) \in \mathbb{R}^n$ 和 $u(t) \in \mathbb{R}^m$ 分别表示系统状态和控制输入。A、B 为对应的适当维数矩阵。该系统的网络控制结构可以用图 3.1 描述。

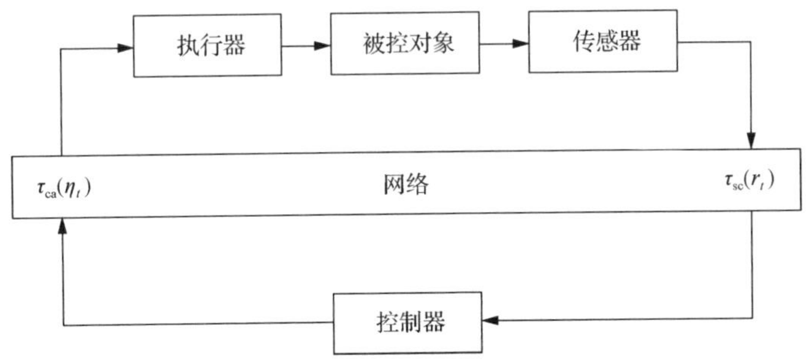

图 3.1　双边随机时延网络控制系统

传感器的采样周期为 T_s，从传感器到控制器的传输时延 $\tau_{sc}(r_t)$ 为随机量，与单边随机时延网络控制系统所不同是，双边随机时延网络控制系统的从控制器到执行器的传输时延$\tau_{\mathrm{ca}}(\eta_t)$也为随机量。

传感器到控制器的传输时延$\tau_{\mathrm{sc}}(r_t)$的模式切换由连续时间离散状态的Markov 过程 r_t 所决定，r_t 取值于有限集合$\zeta_r=\{1,2,\cdots,N_r\}$且 r_t 的生成元$\varLambda=\left(\lambda_{ij}\right)(i,j\in\zeta_r)$由下式给出：

$$\Pr\left[r_{t+h}=j\,|\,r_t=i\right]=\begin{cases}\lambda_{ij}h+o(h), & i\neq j\\ 1+\lambda_{ij}h+o(h), & i=j\end{cases}$$

其中，λ_{ij}为从模式 i 到模式 j 的转移速率。当$i\neq j$时，$\lambda_{ij}\geqslant 0$，当 i=j 时，$\lambda_{ii}=-\sum\limits_{j=1,\,j\neq i}^{N_r}\lambda_{ij}$，$h$ 为步长，$o(h)$为 h 的高阶无穷小量，即$\lim\limits_{h\to 0}\dfrac{o(h)}{h}=0$。

控制器到执行器的传输时延$\tau_{\mathrm{ca}}(\eta_t)$的模式切换由连续时间离散状态的Markov 过程$\eta_t$所决定，$\eta_t$取值于有限集合$\zeta_\eta=\{1,2,\cdots,N_\eta\}$且$\eta_t$的生成元$\varPi=\left(\pi_{kl}\right)(k,l\in\zeta_\eta)$由下式给出：

$$\Pr\left[\eta_{t+h}=l\,|\,\eta_t=k\right]=\begin{cases}\pi_{kl}h+o(h), & k\neq l\\ 1+\pi_{kk}h+o(h), & k=l\end{cases}$$

其中，π_{kl}为从模式 k 到模式 l 的转移速率。当$k\neq l$时，$\pi_{kl}\geqslant 0$，当 i=j，$\lambda_{ii}=-\sum\limits_{j=1,\,j\neq i}^{N}\lambda_{ij}$。

假设 3.1 连续两次传输时延之差小于一个采样周期 T_{s}，即

$$\Pr\left(\left|\tau_{\mathrm{sc}}(r_{t_{k+1}})-\tau_{\mathrm{sc}}(r_{t_k})\right|\geqslant T_{\mathrm{s}}\right)=0$$

$$\Pr\left(\left|\tau_{\mathrm{ca}}(\eta_{t_{k+1}})-\tau_{\mathrm{ca}}(\eta_{t_k})\right|\geqslant T_{\mathrm{s}}\right)=0$$

其中，t_k=kT_{s}为第 k 个采样时刻。

由图 3.1，当$t_k\leqslant t<t_{k+1}$时，控制律为

$$u(t)=K\left(r_t,\eta_t\right)x\left(t_k-\tau_{\mathrm{sc}}\left(r_t\right)-\tau_{\mathrm{ca}}\left(\eta_t\right)\right) \tag{3.2}$$

定义

$$\tau\left(r_t,\eta_t\right)=t-t_k+\tau_{\mathrm{sc}}\left(r\right)_t+\tau_{\mathrm{ca}}\left(\eta_t\right) \tag{3.3}$$

其变化关系如图 3.2 所示

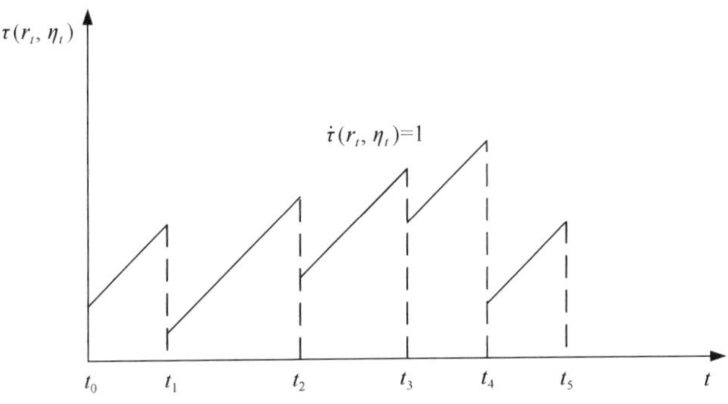

图 3.2　双边随机时延的变化关系

于是

$$u(t)=K\left(r_t,\eta_t\right)\left(t-\tau\left(r_t,\eta_t\right)\right) \tag{3.4}$$

由式(3.3)，$\tau\left(r_t,\eta_t\right)$的上界为

$$\overline{\tau}=T_{\mathrm{s}}+\max_{i\in\zeta_r}\tau_{\mathrm{sc}}(i)+\max_{k\in\zeta_\eta}\tau_{\mathrm{ca}}(k) \tag{3.5}$$

把式(3.4)代入系统(3.1)得闭环系统

$$\begin{aligned}&\dot{x}(t)=Ax(t)+BK\left(r_t,\eta_t\right)x\left(t_k-\tau_{\mathrm{sc}}\left(r_t\right)-\tau_{\mathrm{ca}}\left(\eta_t\right)\right)\\&x(\theta)=\phi(\theta),\quad \theta\in[-\overline{\tau},0]\end{aligned} \tag{3.6}$$

其中，$\phi(\theta),\theta\in\left[-\overline{\tau},0\right]$为初始函数。

定义 3.1　对于任意给定的在$\left[-\overline{\tau},0\right]$上定义的初始状态函数$\phi(\theta)$，如果存在有限常数$T\left(\phi(\cdot),r_0,\eta_0\right)$使得

$$E\left(\int_0^{\infty}\|x(s)\|^2\,\mathrm{d}s\,\middle|\left(\phi(\cdot),r_0,\eta_0\right)\right)<T\left(\phi(\cdot),r_0,\eta_0\right)$$

则称闭环系统(3.6)是随机稳定的。

引理 3.1[139]　对于给定的适当维数的实矩阵$\varSigma_1$、$\varSigma_2$、Σ_3和标量$\varepsilon>0$，使得$\varSigma_3=\varSigma_3^{\mathrm{T}}>0$，那么

$$\varSigma_1^{\mathrm{T}}\varSigma_2+\varSigma_2^{\mathrm{T}}\varSigma_1\leqslant\varepsilon\varSigma_1^{\mathrm{T}}\varSigma_3\varSigma_1+\varepsilon^{-1}\varSigma_2^{\mathrm{T}}\varSigma_3^{-1}\varSigma_2$$

引理 3.1 的证明参考文献[139]，这里从略。

3.3　双边随机时延网络控制系统的稳定性分析

本节主要讨论闭环系统(3.6)的随机稳定性，即在给定控制增益矩阵 $K(i)(i\in\zeta)$ 情况下，给出系统(3.6)随机稳定性的判据。我们有如下的定理。

定理 3.1　假设闭环系统(3.6)满足假设 3.1，如果存在正定矩阵 $Q(i,k)(i\in\zeta_r,k\in\zeta_\eta)$，矩阵 $Y(i,k)(i\in\zeta_r,k\in\zeta_\eta)$ 和标量 $\varepsilon_1>0,\varepsilon_2>0$，使得如下的线性矩阵不等式成立：

$$\begin{bmatrix} J(i,k) & \varphi_1(i,k) & \varphi_2(i,k) \\ * & -\psi_1(i,k) & 0 \\ * & * & -\psi_2(i,k) \end{bmatrix}<0 \tag{3.7}$$

$$\begin{bmatrix} -\varepsilon_1 Q(i,k) & AQ(i,k) \\ * & -Q(i,k) \end{bmatrix}<0 \tag{3.8}$$

$$\begin{bmatrix} -\varepsilon_1 Q(i,k) & AQ(i,k) \\ * & -Q(i,k) \end{bmatrix}<0 \tag{3.9}$$

其中

$$\begin{aligned} J(i,k)=&\,Q(i,k)A^{\mathrm{T}}+AQ(i,k)+Y^{\mathrm{T}}(i,k)B^{\mathrm{T}}+BY(i,k)+\overline{\tau}\left(\varepsilon_1+3\varepsilon_2\right)Q(i,k)\\ &+\lambda_{ii}Q(i,k)+\pi_{kk}Q(i,k) \end{aligned}$$

$$\varphi_1(i,k)=\left[\sqrt{\lambda_{i,1}}Q(i,k)\ \ \cdots\ \ \sqrt{\lambda_{i,i-1}}Q(i,k)\ \ \sqrt{\lambda_{i,i+1}}Q(i,k)\ \ \cdots\ \ \sqrt{\lambda_{i,N_r}}Q(i,k)\right]$$

$$\psi_1(i,k)=\left[\sqrt{\pi_{k,1}}Q(i,k)\ \ \cdots\ \ \sqrt{\pi_{k,k-1}}Q(i,k)\ \ \sqrt{\pi_{k,k+1}}Q(i,k)\ \ \cdots\ \ \sqrt{\pi_{k,N_\eta}}Q(i,k)\right]$$

$$\psi_1(i,k)=\mathrm{diag}\left[Q(1,k)\ \ \cdots\ \ Q(i-1,k)\ \ Q(i+1,k)\ \ \cdots\ \ Q(N_r,k)\right]$$

$$\psi_2(i,k)=\mathrm{diag}\left[Q(i,1)\ \ \cdots\ \ Q(i,k-1)\ \ Q(i,k+1)\ \ \cdots\ \ Q(i,N_\eta)\right]$$

则闭环系统(3.6)是随机稳定的，且反馈增益矩阵为

$$K(i,k)=Y(i,k)Q^{-1}(i,k)$$

证明　选取如下的 Lyapunov 函数：

$$V\left(x(t), r_t, \eta_t\right) = x^{\mathrm{T}}(t) P\left(r_t, \eta_t\right) x(t) \tag{3.10}$$

其中，$P\left(r_t, \eta_t\right)$为对称正定矩阵。

由式(3.10)，我们有

$$\beta_1 \|x(t)\|^2 \leqslant V\left(x(t), r_t, \eta_t\right) \leqslant \beta_2 \|x(t)\|^2$$

其中

$$\begin{aligned} \beta_1 &= \lambda_{\min}\left(P\left(r_t, \eta_t\right)\right) \\ \beta_2 &= \lambda_{\max}\left(P\left(r_t, \eta_t\right)\right) \end{aligned}$$

由牛顿-莱布尼兹公式得

$$\begin{aligned} x\left(t-\tau\left(r_t, \eta_t\right)\right) &= x(t) - \int_{-\tau\left(r_t, \eta_t\right)}^{0} \dot{x}(t+\theta) \mathrm{d}\theta \\ &= x(t) - \int_{-\tau\left(r_t, \eta_t\right)}^{0} \left(Ax(t+\theta) + BK\left(r_t, \eta_t\right) x\left(t-\tau\left(r_t, \eta_t\right)+\theta\right)\right) \mathrm{d}\theta \end{aligned}$$

于是闭环系统(3.6)可以改写为

$$\begin{aligned} \dot{x}(t) = &\left(A + BK\left(r_t, \eta_t\right)\right) x(t) \\ &- BK\left(r_t, \eta_t\right) \int_{-\tau\left(r_t, \eta_t\right)}^{0} \left(Ax(t+\theta) + BK\left(r_t, \eta_t\right) x\left(t-\tau\left(r_t, \eta_t\right)+\theta\right)\right) \mathrm{d}\theta \end{aligned}$$

对于给定的$r_t = i \in N_r, \eta_t = k \in N_\eta$，我们有

$$\begin{aligned} \dot{V}\left(x(t), i, k\right) = &\dot{x}^{\mathrm{T}}(t) P(i,k) x(t) + x^{\mathrm{T}}(t) P(i,k) \dot{x}(t) \\ &+ \sum_{j=1}^{N_r} \lambda_{ij} x^{\mathrm{T}}(t) P(j,k) x(t) + \sum_{l=1}^{N_\eta} \lambda_{ij} x^{\mathrm{T}}(t) P(i,l) x(t) \\ = &x^{\mathrm{T}}(t) \Bigg(A^{\mathrm{T}} P(i,k) + P(i,k) A + K^{\mathrm{T}}(i,k) B^{\mathrm{T}} P(i,k) + P(i,k) BK(i,k) \\ &\sum_{j=1}^{N_r} \lambda_{ij} P(j,k) + \sum_{j=1}^{N_\eta} \pi_{kl} P(i,l) \Bigg) x(t) - 2\int_{-\tau(i,k)}^{0} \Big(x^{\mathrm{T}}(t) P(i,k) BK(i,k) \\ &\left(Ax(t+\theta) + BK(i,k) x\left(t-\tau(i,k)+\theta\right)\right)\Big) \mathrm{d}\theta \end{aligned}$$

由引理 3.1 得

$$
\begin{aligned}
&-2\int_{-\tau(i,k)}^{0}\Big(x^{\mathrm{T}}(t)P(i,k)BK(i,k)\big(Ax(t+\theta)+BK(i,k)x\big(t-\tau(i,k)+\theta\big)\big)\Big)\mathrm{d}\theta\\
&\leqslant \tau(i,k)\Big(\varepsilon_1^{-1}x^{\mathrm{T}}(t)P(i,k)BK(i,k)AP^{-1}(i,k)A^{\mathrm{T}}K^{\mathrm{T}}(i,k)B^{\mathrm{T}}P(i,k)x(t)\\
&\quad+\varepsilon_2^{-1}x^{\mathrm{T}}(t)P(i,k)BK(i,k)AP^{-1}(i,k)A^{\mathrm{T}}K^{\mathrm{T}}(i,k)B^{\mathrm{T}}P(i,k)x(t)\Big)\\
&\quad+\varepsilon_1\int_{-\tau(i,k)}^{0}x^{\mathrm{T}}(t+\theta)P(i,k)x(t+\theta)\mathrm{d}\theta\\
&\quad+\varepsilon_2\int_{-\tau(i,k)}^{0}x^{\mathrm{T}}\big(t-\tau(i,k)+\theta\big)P(i,k)x\big(t-\tau(i,k)+\theta\big)\mathrm{d}\theta
\end{aligned}
$$

由式(3.8)、式(3.9)可知

$$
\begin{aligned}
&AP^{-1}(i,k)A^{\mathrm{T}}<\varepsilon_1P^{-1}(i,k)\\
&BK(i,k)P^{-1}(i,k)K^{\mathrm{T}}(i,k)B^{\mathrm{T}}<\varepsilon_2P^{-1}(i,k)
\end{aligned}
$$

于是，我们可以得到

$$
\begin{aligned}
&-2\int_{-\tau(i,k)}^{0}\Big(x^{\mathrm{T}}(t)P(i,k)BK(i,k)\big(Ax(t+\theta)+BK(i,k)x\big(t-\tau(i,k)+\theta\big)\big)\Big)\mathrm{d}\theta\\
&\leqslant 2\tau(i,k)\varepsilon_2x^{\mathrm{T}}(t)P(i,k)x(t)\\
&\quad+\varepsilon_2^{-1}x^{\mathrm{T}}(t)P(i,k)BK(i,k)AP^{-1}(i,k)A^{\mathrm{T}}K^{\mathrm{T}}(i,k)B^{\mathrm{T}}P(i,k)x(t)\Big)\\
&\quad+\varepsilon_1\int_{-\tau(i,k)}^{0}x^{\mathrm{T}}(t+\theta)P(i,k)x(t+\theta)\mathrm{d}\theta\\
&\quad+\varepsilon_2\int_{-\tau(i,k)}^{0}x^{\mathrm{T}}\big(t-\tau(i,k)+\theta\big)P(i,k)x\big(t-\tau(i,k)+\theta\big)\mathrm{d}\theta
\end{aligned}
$$

由 Razumikhin 定理，对于任意的 $\delta>1$，我们有 $-2\bar{\tau}\leqslant\theta\leqslant 0$

$$
V\big(x(t+\theta),r_{t+\theta},\eta_{t+\theta}\big)<\delta V\big(x(t),r_t,\eta_t\big)
$$

于是

$$
\dot{V}\big(x(t),i,k\big)\leqslant x^{\mathrm{T}}(t)H\big(\tau(i,k),\delta\big)x(t) \tag{3.11}
$$

其中

$$H(\tau(i,k),\delta)=A^{\mathrm T}P(i,k)+P(i,k)A+K^{\mathrm T}(i,k)B^{\mathrm T}P(i,k)+P(i,k)BK(i,k)$$
$$+\sum_{j=1}^{N_r}\lambda_{ij}P(j,k)+\sum_{j=1}^{N_\eta}\pi_{kl}P(i,l)+2\tau(i,k)\varepsilon_2P(i,k)$$
$$+\tau(i,k)\varepsilon_1\delta P(i,k)++\tau(i,k)\varepsilon_2\delta P(i,k)$$

在 $H(\tau(i,k),\delta)$ 分别左乘 $Q(i,k)=P^{-1}(i,k)$ 和右乘 $Q(i,k)=P^{-1}(i,k)$ 得

$$\tilde H(\tau(i,k),\delta)=Q(i,k)A^{\mathrm T}+AQ(i,k)+Q(i,k)K^{\mathrm T}(i,k)B^{\mathrm T}+BK(i,k)Q(i,k)$$
$$+Q(i,k)\sum_{j=1}^{N_r}\lambda_{ij}P(j,k)Q(i,k)+Q(i,k)\sum_{j=1}^{N_\eta}\pi_{kl}P(i,l)Q(i,k)$$
$$+2\tau(i,k)\varepsilon_2Q(i,k)+\tau(i,k)\varepsilon_1\delta Q(i,k)+\tau(i,k)\varepsilon_2\delta Q(i,k)$$

由于

$$0\leqslant\tau(i,k)\leqslant\overline{\tau}$$

于是，从式(3.11)我们可以得到

$$\dot V(x(t),i,k)\leqslant x^{\mathrm T}(t)H(\overline{\tau},\delta)x(t)$$

由式(3.7)和 Schur 补定理知

$$\tilde H(\overline{\tau},\delta=1)<0 \tag{3.12}$$

因此

$$H(\overline{\tau},\delta=1)<0 \tag{3.13}$$

由 H 关于 δ 的连续性可知，存在 $\delta_0>1$ 使得

$$H(\overline{\tau},\delta_0)<0 \tag{3.14}$$

因此

$$\dot V(x(t),r_t,\eta_t)\leqslant-\beta\|x(t)\|^2$$

其中

$$\beta=\min_{i\in\zeta_r,\,k\in\zeta_\eta}\left(\lambda_{\min}\left(-H(\overline{\tau},\delta_0)\right)\right)>0$$

由 Dynkin 公式，我们有

$$
\begin{aligned}
&E\left(V\left(x(t), i, k\right)\right) - E\left(V\left(x(0), r_0, \eta_0\right)\right) \\
&= E\left(\int_0^t \dot{V}\left(x(s), r_s, \eta_s\right)\mathrm{d}s \middle| \left(x(0), r_0, \eta_0\right)\right) \\
&\leqslant -\beta E\left(\int_0^t \|x(s)\|^2 \,\mathrm{d}s \middle| \left(x(0), r_0, \eta_0\right)\right)
\end{aligned}
$$

由于

$$
E\left(V\left(x(t), i, k\right)\right) \geqslant 0
$$

所以

$$
\begin{aligned}
&\beta E\left(\int_0^t \|x(s)\|^2 \,\mathrm{d}s \middle| \left(x(0), r_0, \eta_0\right)\right) \\
&\leqslant E\left(V\left(x(t), i, k\right)\right) + \beta E\left(\int_0^t \|x(s)\|^2 \,\mathrm{d}s \middle| \left(x(0), r_0, \eta_0\right)\right) \\
&\leqslant E\left(V\left(x(0), r_0, \eta_0\right)\right)
\end{aligned}
$$

因此闭环系统(3.6)是随机稳定的。证毕。

3.4　双边随机时延网络控制系统的控制算法

式(3.7)～式(3.9)中含有非线性项$\varepsilon_1 Q(i,k)$和$\varepsilon_2 Q(i,k)$，因此，式(3.7)～式(3.9)是双线性矩阵不等式，不能直接运用线性矩阵不等式工具箱进行求解，本节针对双线性矩阵不等式，提出一种新的算法，算法步骤如下。

步骤 1　求$Q(i,k) > 0$和$Y(i,k)$使其满足下列线性矩阵不等式：

$$
\begin{bmatrix}
\tilde{J}(i,k) & \varphi_1(i,k) & \varphi_2(i,k) \\
* & -\psi_1(i,k) & 0 \\
* & * & -\psi_2(i,k)
\end{bmatrix} < 0 \tag{3.15}
$$

其中

$$
\begin{aligned}
&\tilde{J}(i,k) = Q(i,k)A^{\mathrm{T}} + AQ(i,k) + Y^{\mathrm{T}}(i,k)B^{\mathrm{T}} + BY(i,k) + \lambda_{ii} Q(i,k) + \pi_{kk} Q(i,k) \\
&\varphi_1(i,k) = \left[\sqrt{\lambda_{i,1}}Q(i,k) \quad \cdots \quad \sqrt{\lambda_{i,i-1}}Q(i,k) \quad \sqrt{\lambda_{i,i+1}}Q(i,k) \quad \cdots \quad \sqrt{\lambda_{i,N_r}}Q(i,k)\right] \\
&\psi_1(i,k) = \left[\sqrt{\pi_{k,1}}Q(i,k) \quad \cdots \quad \sqrt{\pi_{k,k-1}}Q(i,k) \quad \sqrt{\pi_{k,k+1}}Q(i,k) \quad \cdots \quad \sqrt{\pi_{k,N_\eta}}Q(i,k)\right]
\end{aligned}
$$

$$\psi_1(i,k)=\text{diag}\begin{bmatrix}Q(1,k) & \cdots & Q(i-1,k) & Q(i+1,k) & \cdots & Q(N_r,k)\end{bmatrix}$$

$$\psi_2(i,k)=\text{diag}\begin{bmatrix}Q(i,1) & \cdots & Q(i,k-1) & Q(i,k+1) & \cdots & Q(i,N_\eta)\end{bmatrix}$$

步骤 2　对于步骤 1 得到的 $Q(i,k)>0$，求解下列凸优化问题：

$$\max_{Y(i,k),\varepsilon_1,\varepsilon_2}\ \overline{\tau}\left(Y(i,k),\varepsilon_1,\varepsilon_2\right)$$

使得下列矩阵不等式：

$$\begin{bmatrix}J(i,k) & \varphi_1(i,k) & \varphi_2(i,k)\\ * & -\psi_1(i,k) & 0\\ * & * & -\psi_2(i,k)\end{bmatrix}<0$$

$$\begin{bmatrix}-\varepsilon_1 Q(i,k) & AQ(i,k)\\ * & -Q(i,k)\end{bmatrix}<0$$

$$\begin{bmatrix}-\varepsilon_1 Q(i,k) & AQ(i,k)\\ * & -Q(i,k)\end{bmatrix}<0$$

成立，得到 ε_1、ε_2 和新的 $Y(i,k)$。

步骤 3　对于步骤 2 得到的 ε_1、ε_2、$Y(i,k)$，求解下列凸优化问题：

$$\max_{Q(i,k)>0}\ \overline{\tau}\left(Q(i,k)\right)$$

使得下列矩阵不等式：

$$\begin{bmatrix}J(i,k) & \varphi_1(i,k) & \varphi_2(i,k)\\ * & -\psi_1(i,k) & 0\\ * & * & -\psi_2(i,k)\end{bmatrix}<0$$

$$\begin{bmatrix}-\varepsilon_1 Q(i,k) & AQ(i,k)\\ * & -Q(i,k)\end{bmatrix}<0$$

$$\begin{bmatrix}-\varepsilon_1 Q(i,k) & AQ(i,k)\\ * & -Q(i,k)\end{bmatrix}<0$$

成立，得到新的 $Q(i,k)>0$。

步骤 4　返回到步骤 2，一直到 $\overline{\tau}$ 收敛到一定的精度。

3.5 数值仿真示例

为验证我们所提出的方法的有效性，本节给出一个数值例子。考虑如下的系统：

$$\begin{bmatrix} \dot{x}_1 \\ \dot{x}_2 \end{bmatrix} = \begin{bmatrix} 0 & 1 \\ 1 & -40 \end{bmatrix} \begin{bmatrix} x_1 \\ x_2 \end{bmatrix} + \begin{bmatrix} 0 \\ 1 \end{bmatrix} u(t)$$

显然，矩阵 A 的两个特征值分别为–40.0250 和 0.0250，因此，开环系统是不稳定的。设传感器到控制器的时延 τ_{sc} 有两种切换模式，则 $\zeta_r = \{1, 2\}$，且 r_t 的生成元为

$$\Lambda = \begin{bmatrix} -3 & 3 \\ 2 & -2 \end{bmatrix}$$

从控制器到执行器的时延 τ_{ca} 也有两种切换模式，则 $\zeta_\eta = \{1, 2\}$，且 η_t 的生成元为

$$\Pi = \begin{bmatrix} -1 & 1 \\ 2 & -2 \end{bmatrix}$$

我们假设传感器的采样周期为 T_s=0.01s，传感器到控制器的时延为 $\tau_{\mathrm{sc}}(1) = 0.03\mathrm{s}$，$\tau_{\mathrm{sc}}(2) = 0.025\mathrm{s}$，控制器到执行器的时延为 $\tau_{\mathrm{ca}}(1) = 0.02\mathrm{s}$，$\tau_{\mathrm{ca}}(2) = 0.015\mathrm{s}$，由式(3.5)可知，$\bar{\tau} = 0.06\mathrm{s}$。取初始条件为 $\phi(\theta) = [-1, 0]^{\mathrm{T}}$，$\theta \in [-0.06, 0]$，下面我们将设计控制器(3.4)使得系统(3.6)随机稳定。由定理 3.1、控制算法和 Matlab 线性矩阵不等式工具箱，我们可以得到控制增益矩阵为

$$K(1,1) = [-645.0596 \quad -15.9109], \quad K(1,2) = [-623.3689 \quad -15.4999]$$

$$K(2,1) = [-575.1361 \quad -14.2296], \quad K(2,2) = [-616.8428 \quad -15.3049]$$

图 3.3 和图 3.4 分别给出了闭环系统的状态响应和控制输入的仿真结果。仿真结果表明，我们所设计的控制器能使得系统随机稳定，从而说明我们所提出的设计方法是有效的。

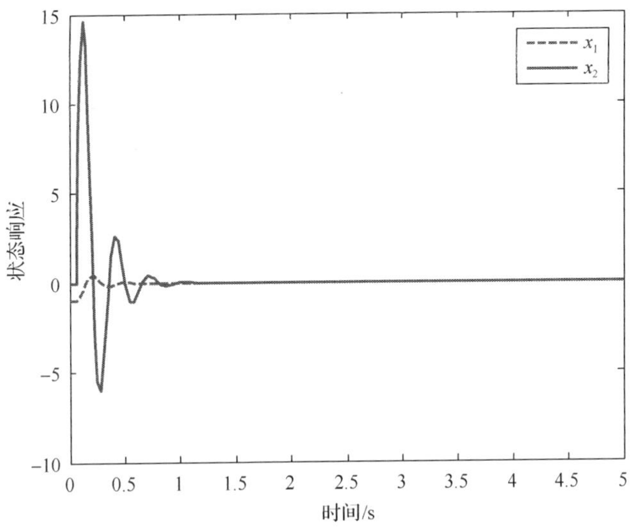

图 3.3　闭环系统的状态响应

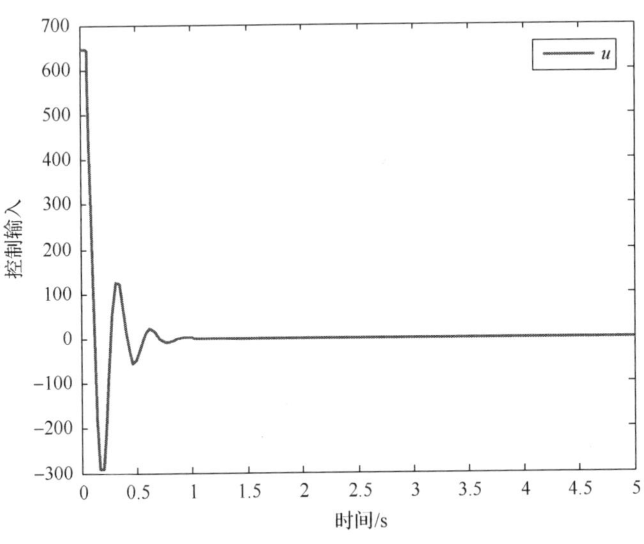

图 3.4　闭环系统的控制输入

3.6　小　　结

本章分析了传感器到控制器及控制器到执行器均为随机时延的网络控

制系统。传感器到控制器及控制器到执行器的随机时延建模为两个 Markov 过程，于是得到闭环网络控制系统为一个含两个跳变参数的 Markov 跳变系统，运用 Razumikhin 定理给出系统随机稳定的充分条件。基于所得到的稳定性结果，我们提出了一种新的控制器设计方法。仿真算例说明了本书所提方法的有效性。

第 4 章　丢包网络控制系统的分析与控制

4.1　引　　言

在采用串行通信方式、共享带宽的网络控制系统中，由于网络带宽有限、网络负载变化不规则，当分布于不同地理位置的传感器、执行器通过网络与控制器交换数据时，不仅存在网络随机时延，而且可能存在数据接收出错和数据包丢失。数据丢包有两种情况：一种情况是为了达到某种目的而采取的主动丢包策略，在工业实时控制系统中，往往需要将一定时间未到达目标节点的数据包主动丢弃掉，接着发送新数据，以便保证信号的及时更新和采样数据的有效性；另一种情况是数据通信机制和网络带宽限制造成的被动丢包。前者有益于网络控制系统性能的提高，后者数据包丢失降低网络控制系统的控制性能。这种不确定的数据传输将导致网络控制系统丧失定常性、完整性、因果性和确定性。数据包丢失会影响闭环网络控制系统控制性能，尤其是影响系统的稳定性。因此，有关丢包问题的研究是网络控制系统研究的一个重要问题。

4.2　随机丢包网络控制系统的分析与控制

4.2.1　随机丢包网络控制系统的模型化

考虑一类线性时不变系统

$$\dot{x}(t)=\bar{A}x(t)+\bar{B}u(t) \tag{4.1}$$

其中，$x(t)\in\mathbb{R}^n$ 和 $u(t)\in\mathbb{R}^m$ 分别表示系统状态和控制输入。$\bar{A}$、$\bar{B}$ 为对应的适当维数矩阵。该系统的网络控制结构可以用图 4.1 描述如下。

假设传感器的采样周期为 T_s，运用离散化方法，系统(4.1)的离散化系统模型可表示为

$$x(k+1)=Ax(k)+Bu(k) \tag{4.2}$$

其中，$A=\mathrm{e}^{\bar{A}T_\mathrm{s}},B=\int_0^{T_\mathrm{s}}\mathrm{e}^{As}\mathrm{d}s\bar{B}$。

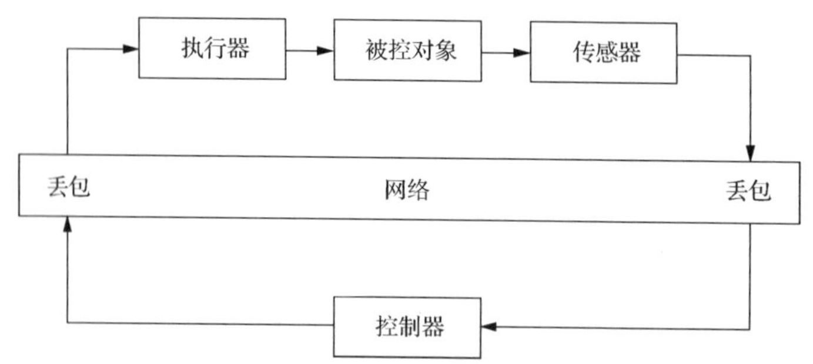

图 4.1　随机丢包网络控制系统

假设数据包在 $i_k\,(k=1,2,\cdots)$ 时刻成功传输，则 $I=\{i_1,i_2,\cdots\}$ 表示从传感器到执行器数据成功传输的时间点序列，且为 $\mathbb{N}=\{1,2,\cdots\}$ 的子序列。

状态反馈控制器为

$$u(k)=Kx(k) \tag{4.3}$$

其中，K 是待设计的控制增益矩阵。

考虑离散网络控制系统(4.2)、(4.3)，由于零阶保持器的作用，我们有

$$u(l)=u(i_k)=Kx(i_k),\quad i_k\leqslant l\leqslant i_{k+1}-1 \tag{4.4}$$

把式(4.4)代入系统(4.2)得闭环系统

$$x(l+1)=Ax(l)+BKx(i_k),\quad i_k\leqslant l\leqslant i_{k+1}-1 \tag{4.5}$$

定义丢包过程

$$r(i_k)=i_{k+1}-i_k \tag{4.6}$$

则 $\{r(i_k),i_k\geqslant 0\}$ 取值于 $S=\{1,2,\cdots,s\}$，其中

$$s=\max_{i_k\in I}(i_{k+1}-i_k)$$

由闭环系统(4.5)可得

$$x(i_{k+1})=\left(A^{i_{k+1}-i_k}+\sum_{r=0}^{i_{k+1}-i_k-1}A^rBK\right)x(i_k),\quad i_k\in I \tag{4.7}$$

把式(4.6)代入式(4.7)可得

$$x(i_{k+1})=\left(A^{r(i_k)}+\sum_{r=0}^{r(i_k)-1}A^rBK\right)x(i_k),\quad i_k\in I \tag{4.8}$$

定义 4.1　如果$\{r(i_k),i_k\geqslant 0\}$在$S=\{1,2,\cdots,s\}$中任意取值，则称丢包过程(4.6)为任意丢包过程。

定义 4.2　如果$\{r(i_k),i_k\geqslant 0\}$为离散时间齐次 Markov 链，在$S=\{1,2,\cdots,s\}$中的取值满足概率转移矩阵$\Pi=\left(\pi_{ij}\right)\in\mathbb{R}^{s\times s}$，其中

$$\pi_{ij}=\Pr\left(r\left(i_{k+1}\right)=j\middle|r\left(i_k\right)=i\right),\quad \forall i,j\in S$$

且$\sum_{j=1}^{s}\pi_{ij}=1,\forall i\in S$，则称丢包过程(4.6)为 Markov 丢包过程。

定义 4.3　如果$\{r(i_k),i_k\geqslant 0\}$为离散时间齐次 Markov 链，且在$S=\{1,2,\cdots,s\}$中的取值满足概率转移矩阵$\Pi=\left(\pi_{ij}\right)\in\mathbb{R}^{s\times s}$，而转移概率矩阵$\Pi=\left(\pi_{ij}\right)\in\mathbb{R}^{s\times s}$的部分元素未知，则称丢包过程(4.6)为准 Markov 丢包过程。

引理 4.1[140]　对任意的矩阵$U\in\mathbb{R}^{n\times n}$和$V\in\mathbb{R}^{n\times n}$，如果$V$为正定矩阵，那么有下式成立：

$$U+U^{\mathrm{T}}-V\leqslant UV^{-1}U^{\mathrm{T}}$$

引理 4.1 的证明参考文献[140]，这里从略。

在接下来的研究中，我们将分别针对任意丢包过程、Markov 丢包过程、准 Markov 丢包过程的网络控制系统进行稳定性分析以及控制器的设计。

4.2.2　任意丢包过程网络控制系统的分析与控制

定理 4.1　考虑网络控制系统(4.5)和任意丢包过程(4.6)，如果存在正定矩阵$P_i(i\in S)$，使得对任意的$i,j\in S$都有

$$\left(A^j+B_jK\right)^{\mathrm{T}}P_j\left(A^j+B_jK\right)-P_i<0 \tag{4.9}$$

成立，那么任意丢包过程的闭环网络控制系统(4.5)是渐近稳定的。其中

$$B_j=\sum_{r=0}^{j-1}A^rB\text{。}$$

证明　对于

$$i_k+1\leqslant l\leqslant i_{k+1},\quad i_k\in I$$

我们定义如下的依赖于丢包过程的 Lyapunov 函数：

$$V(l)=x^{\mathrm{T}}(l)P_{l-i_k}x(l) \tag{4.10}$$

令

$$i=r(i_{k-1}),\quad j=r(i_k)$$

则

$$V(i_k)=x^{\mathrm{T}}(i_k)P_{i_k-i_{k-1}}x(i_k)=x^{\mathrm{T}}(i_k)P_ix(i_k),$$

$$V(i_{k+1})=x^{\mathrm{T}}(i_{k+1})P_{i_{k+1}-i_k}x(i_{k+1})=x^{\mathrm{T}}(i_k)\left(A^j+B_jK\right)^{\mathrm{T}}P_j\left(A^j+B_jK\right)x(i_k)$$

因此

$$\begin{aligned}\Delta V&=V(i_{k+1})-V(i_k)\\&=x^{\mathrm{T}}(i_k)\left(\left(A^j+B_jK\right)^{\mathrm{T}}P_j\left(A^j+B_jK\right)-P_i\right)x(i_k)\end{aligned}$$

又因为

$$\left(A^j+B_jK\right)^{\mathrm{T}}P_j\left(A^j+B_jK\right)-P_i<0$$

所以

$$\Delta V=x^{\mathrm{T}}(i_k)\left(\left(A^j+B_jK\right)^{\mathrm{T}}P_j\left(A^j+B_jK\right)-P_i\right)x(i_k)<0$$

因此，任意丢包过程的闭环网络控制系统(4.5)是渐近稳定的。证毕。

基于以上的稳定性分析，我们给出如下的控制器的设计方法。

定理 4.2　考虑网络控制系统(4.5)和任意丢包过程(4.6)，如果存在正定矩阵 $X_i(i\in S)$，矩阵 $G\in\mathbb{R}^{n\times n}$、$Y\in\mathbb{R}^{m\times n}$，使得对任意的 $i,j\in S$ 都有

$$\begin{bmatrix}-G-G^{\mathrm{T}}+X_i & \left(A^jG+B_jY\right)^{\mathrm{T}}\\ * & -X_j\end{bmatrix}<0 \tag{4.11}$$

成立，那么任意丢包过程的闭环网络控制系统(4.5)是渐近稳定的，且控制增益矩阵为 $K=YG^{-1}$。

证明　由 Schur 补定理，线性矩阵不等式(4.11)等价于

$$\left(A^jG+B_jY\right)\left(G+G^{\mathrm{T}}-X_i\right)^{-1}\left(A^jG+B_jY\right)^{\mathrm{T}}-X_j<0 \tag{4.12}$$

由引理 4.1 知

$$G+G^{\mathrm{T}}-X_i\leqslant GX_i^{-1}G^{\mathrm{T}} \tag{4.13}$$

于是

$$\left(G+G^{\mathrm{T}}-X_i\right)^{-1}\geqslant G^{-\mathrm{T}}X_iG^{-1} \tag{4.14}$$

由不等式(4.12)和(4.14)可知

$$\left(A^jG+B_jY\right)G^{-1}X_iG^{-\mathrm{T}}\left(A^jG+B_jY\right)^{\mathrm{T}}-X_j<0 \tag{4.15}$$

即

$$\left(A^j+B_jYG^{-1}\right)X_i\left(A^j+B_jYG^{-1}\right)^{\mathrm{T}}-X_j<0 \tag{4.16}$$

记

$$YG^{-1}=K,\quad P_i=X_i$$

则不等式(4.16)转化为

$$\left(A^j+B_jK\right)P_i\left(A^j+B_jK\right)^{\mathrm{T}}-P_j<0 \tag{4.17}$$

由定理 4.1，任意丢包过程的闭环网络控制系统(4.5)是渐近稳定的，且控制增益矩阵为 $K=YG^{-1}$。证毕。

4.2.3 Markov 丢包过程网络控制系统的分析与控制

定理 4.3　考虑网络控制系统(4.5)和 Markov 丢包过程(4.6)，Markov 丢包过程的闭环网络控制系统(4.5)是均方稳定的充要条件是，如果存在正定矩阵 $P_i(i\in S)$，使得对所有的 $i\in S$ 都有

$$\sum_{j=1}^{s}\left(\pi_{ij}\left(A^{j}+B_{j}K\right)^{\mathrm{T}}P_{j}\left(A^{j}+B_{j}K\right)\right)-P_{i}<0 \tag{4.18}$$

成立。

证明　首先我们证明充分性。由于$\{r(i_k), i_k\in S\}$是一个齐次 Markov 链，因此，系统(4.8)实际是一个具有s个模态的离散时间 Markov 跳变线性系统。同样，我们考虑依赖于丢包过程的 Lyapunov 函数(4.10)，于是，我们有

$$\begin{aligned}&E\left(V\left(i_{k+1}\right)\middle|r\left(i_{k-1}\right)=i\right)-V\left(i_{k}\right)\\&=x^{\mathrm{T}}(i_k)\left(\sum_{j=1}^{s}\left(\pi_{ij}\left(A^{j}+B_{j}K\right)^{\mathrm{T}}P_{j}\left(A^{j}+B_{j}K\right)\right)-P_{i}\right)x(i_k)\end{aligned} \tag{4.19}$$

由不等式(4.18)，对任意的$x\left(i_k\right)\neq 0$，我们有

$$E\left(V\left(i_{k+1}\right)\middle|r\left(i_{k-1}\right)=i\right)-V\left(i_{k}\right)<0 \tag{4.20}$$

于是

$$\lim_{i_k\to\infty}E\left(V\left(i_k\right)\right)=0$$

因此，Markov 丢包过程的闭环网络控制系统(4.5)是均方稳定。接下来，我们将证明其必要性。因为 Markov 丢包过程的闭环网络控制系统(4.5)是均方稳定，所以系统(4.8)也是均方稳定。由于系统(4.8)是一个 Markov 跳变系统，根据 Markov 跳变系统的稳定性结果，存在正定矩阵$P_i(i\in S)$，使得对所有的$i\in S$都有不等式(4.18)成立。证毕。

基于以上的稳定性分析，我们给出如下的控制器的设计方法。

定理 4.4　考虑网络控制系统(4.5)和任意丢包过程(4.6)，如果存在正定矩阵$X_i(i\in S)$，矩阵$G\in\mathbb{R}^{n\times n}$、$Y\in\mathbb{R}^{m\times n}$，使得下列线性矩阵不等式对任意的$i\in S$都有

$$\begin{bmatrix}-G-G^{\mathrm{T}}+X_i & \Psi\\ * & -\Phi\end{bmatrix}<0 \tag{4.21}$$

其中

$$\Psi = \left[\sqrt{\pi_{i1}} \left(A^j G + B_j Y \right)^{\mathrm{T}} \quad \cdots \quad \sqrt{\pi_{is}} \left(A^j G + B_j Y \right)^{\mathrm{T}} \right]$$
$$\Phi = \operatorname{diag}\left(X_1 \quad \cdots \quad X_s \right)$$

那么任意丢包过程的闭环网络控制系统(4.5)是均方稳定的，且控制增益矩阵为 $K=YG^{-1}$。

证明　由 Schur 补定理，线性矩阵不等式(4.21)等价于

$$\Psi^{\mathrm{T}} \left(G + G^{\mathrm{T}} - X_i \right)^{-1} \Psi - \Phi < 0 \tag{4.22}$$

由引理 4.1 知

$$G + G^{\mathrm{T}} - X_i \leqslant G X_i^{-1} G^{\mathrm{T}} \tag{4.23}$$

于是

$$\left(G + G^{\mathrm{T}} - X_i \right)^{-1} \geqslant G^{-\mathrm{T}} X_i G^{-1} \tag{4.24}$$

由不等式(4.22)和(4.24)可知

$$\Psi^{\mathrm{T}} G^{-\mathrm{T}} X_i G^{-1} \Psi - \Phi < 0 \tag{4.25}$$

即

$$\begin{bmatrix} \pi_{i1}\left(A^j + B_j Y G^{-1} \right) \\ \vdots \\ \pi_{is}\left(A^j + B_j Y G^{-1} \right) \end{bmatrix} X_i \left[\pi_{i1}\left(A^j + B_j Y G^{-1} \right)^{\mathrm{T}} \quad \cdots \quad \pi_{i1}\left(A^j + B_j Y G^{-1} \right)^{\mathrm{T}} \right] - \Phi < 0 \tag{4.26}$$

记

$$Y G^{-1} = K, \quad P_i = X_i$$

则不等式(4.26)转化为

$$\sum_{j=1}^{s} \left(\pi_{ij} \left(A^j + B_j K \right)^{\mathrm{T}} P_j \left(A^j + B_j K \right) \right) - P_i < 0$$

由定理 4.3，任意丢包过程的闭环网络控制系统(4.5)是均方稳定的，且控制增益矩阵为 $K=YG^{-1}$。证毕。

4.2.4 准 Markov 丢包过程网络控制系统的分析与控制

对任意的$i \in S$，记S_k^i为对应状态转移矩阵元素π_{ij}已知的所有j的集合，S_{uk}^i为对应状态转移矩阵元素π_{ij}未知的所有j的集合，则

$$S = S_k^i + S_{uk}^i, \quad i \in S \tag{4.27}$$

如果S_k^i非空，我们记

$$S_k^i = \left(k_1^i \quad \cdots \quad k_m^i\right), \quad 1 \leqslant m \leqslant N \tag{4.28}$$

对准 Markov 丢包过程网络控制系统，我们有如下的定理。

定理 4.5 考虑网络控制系统(4.5)和准 Markov 丢包过程(4.6)，如果存在正定矩阵$P_i(i \in S)$，使得对所有的$i \in S$都有

$$\sum_{j \in S_k^i}\left(\pi_{ij}\left(A^j + B_j K\right)^{\mathrm{T}} P_j\left(A^j + B_j K\right)\right) - \left(\sum_{j \in S_k^i}\pi_{ij}\right)P_i < 0 \tag{4.29}$$

$$\left(A^j + B_j K\right)^{\mathrm{T}} P_j\left(A^j + B_j K\right) - P_i < 0, \quad \forall j \in S_{uk}^i \tag{4.30}$$

成立，则准 Markov 丢包过程的闭环网络控制系统(4.5)是均方稳定的。

证明 由定理 4.3 可知，如果存在正定矩阵$P_i(i \in S)$，使得对所有的$i \in S$都有

$$\sum_{j=1}^{s}\left(\pi_{ij}\left(A^j + B_j K\right)^{\mathrm{T}} P_j\left(A^j + B_j K\right)\right) - P_i < 0 \tag{4.31}$$

成立，则系统(4.5)均方稳定。

我们注意到

$$\sum_{j \in S}\pi_{ij} = 1$$

于是，不等式(4.31)的左端可改写为

$$\Theta_i = \sum_{j \in S}\left(\pi_{ij}\left(A^j + B_j K\right)^{\mathrm{T}} P_j\left(A^j + B_j K\right)\right) - \left(\sum_{j \in S}\pi_{ij}\right)P_i$$

由式(4.27)可得

$$\begin{aligned}\Theta_i=&\sum_{j\in S_k^i}\left(\pi_{ij}\left(A^j+B_jK\right)^{\mathrm{T}}P_j\left(A^j+B_jK\right)\right)-\left(\sum_{j\in S_k^i}\pi_{ij}\right)P_i\\&+\sum_{j\in S_{uk}^i}\left(\pi_{ij}\left(A^j+B_jK\right)^{\mathrm{T}}P_j\left(A^j+B_jK\right)\right)-\left(\sum_{j\in S_{uk}^i}\pi_{ij}\right)P_i\\=&\sum_{j\in S_k^i}\left(\pi_{ij}\left(A^j+B_jK\right)^{\mathrm{T}}P_j\left(A^j+B_jK\right)\right)-\left(\sum_{j\in S_k^i}\pi_{ij}\right)P_i\\&+\sum_{j\in S_{uk}^i}\left(\pi_{ij}\left(A^j+B_jK\right)^{\mathrm{T}}P_j\left(A^j+B_jK\right)-P_i\right)\end{aligned}$$

因为

$$\sum_{j\in S_k^i}\left(\pi_{ij}\left(A^j+B_jK\right)^{\mathrm{T}}P_j\left(A^j+B_jK\right)\right)-\left(\sum_{j\in S_k^i}\pi_{ij}\right)P_i<0$$

$$\left(A^j+B_jK\right)^{\mathrm{T}}P_j\left(A^j+B_jK\right)-P_i<0,\quad\forall j\in S_{uk}^i$$

又因为

$$\pi_{ij}\geqslant 0,\quad\forall j\in S_{uk}^i$$

所以

$$\Theta_i=\sum_{j\in S}\left(\pi_{ij}\left(A^j+B_jK\right)^{\mathrm{T}}P_j\left(A^j+B_jK\right)\right)-\left(\sum_{j\in S}\pi_{ij}\right)P_i<0$$

因此准 Markov 丢包过程的闭环网络控制系统(4.5)是均方稳定的。证毕。

基于以上的稳定性分析，我们给出如下的控制器的设计方法。

定理 4.6　考虑网络控制系统(4.5)和准 Markov 丢包过程(4.6)，如果存在正定矩阵 $X_i(i\in S)$，矩阵 $G\in\mathbb{R}^{n\times n}$、$Y\in\mathbb{R}^{m\times n}$，使得下列线性矩阵不等式对任意的 $i\in S$ 都有

$$\begin{bmatrix}-G-G^{\mathrm{T}}+\left(\sum_{j\in S_k^i}\pi_{ij}\right)^{-1}X_i & \Gamma_k^i\\ * & -\Xi_k^i\end{bmatrix}<0 \tag{4.32}$$

$$\begin{bmatrix} -G-G^{\mathrm{T}}+X_i & \left(A^jG+B_jY\right)^{\mathrm{T}} \\ * & -X_j \end{bmatrix}<0, \quad \forall j\in S_k^i \tag{4.33}$$

其中

$$\Gamma_k^i=\left[\sqrt{\pi_{ik_1^i}}\left(A^{k_1^i}G+B_{k_1^i}Y\right)^{\mathrm{T}} \quad \cdots \quad \sqrt{\pi_{ik_m^i}}\left(A^{k_m^i}G+B_{k_m^i}Y\right)^{\mathrm{T}}\right]$$

$$\Xi_k^i=\operatorname{diag}\left(X_{k_1^i} \quad \cdots \quad X_{k_m^i}\right), \quad \forall j\in S_k^i$$

那么任意丢包过程的闭环网络控制系统(4.5)是均方稳定的，且控制增益矩阵为 $K=YG^{-1}$。

证明　由不等式(4.32)、(4.33)及 Schur 补定理可得

$$\begin{gathered}\sum_{j\in S_k^i}\pi_{ij}\left(A^jG+B_jY\right)^{\mathrm{T}}P_j\left(A^jG+B_jY\right)-G-G^{\mathrm{T}}+\left(\sum_{j\in S_k^i}\pi_{ij}\right)^{-1}X_i<0 \\ \left(A^jG+B_jY\right)^{\mathrm{T}}P_j\left(A^jG+B_jY\right)-G-G^{\mathrm{T}}+X_i<0, \quad \forall j\in S_{uk}^i\end{gathered} \tag{4.34}$$

令 $X_i=P_i^{-1}>0(i\in S)$，则由引理 4.1 可得

$$\begin{gathered}-G^{\mathrm{T}}\left(\left(\sum_{j\in S_k^i}\pi_{ij}\right)P_i\right)G<-G-G^{\mathrm{T}}+\left(\sum_{j\in S_k^i}\pi_{ij}\right)^{-1}X_i \\ -G^{\mathrm{T}}P_iG<-G-G^{\mathrm{T}}+X_i, \quad \forall j\in S_{uk}^i\end{gathered} \tag{4.35}$$

由不等式(4.35)得

$$\begin{aligned}&\sum_{j\in S_k^i}\pi_{ij}\left(A^jG+B_jY\right)^{\mathrm{T}}P_j\left(A^jG+B_jY\right)-G^{\mathrm{T}}\left(\left(\sum_{j\in S_k^i}\pi_{ij}\right)P_i\right)G \\ &\leqslant\sum_{j\in S_k^i}\pi_{ij}\left(A^jG+B_jY\right)^{\mathrm{T}}P_j\left(A^jG+B_jY\right)-G-G^{\mathrm{T}} \\ &+\left(\sum_{j\in S_k^i}\pi_{ij}\right)^{-1}X_i\left(A^jG+B_jY\right)^{\mathrm{T}}P_j\left(A^jG+B_jY\right)-G^{\mathrm{T}}P_iG \\ &\leqslant\left(A^jG+B_jY\right)^{\mathrm{T}}P_j\left(A^jG+B_jY\right)-G-G^{\mathrm{T}}+X_i, \quad \forall j\in S_{uk}^i\end{aligned}$$

由不等式(4.34)知

$$\begin{aligned}&\sum_{j\in S_k^i}\pi_{ij}\left(A^jG+B_jY\right)^{\mathrm T}P_j\left(A^jG+B_jY\right)-G^{\mathrm T}\left(\left(\sum_{j\in S_k^i}\pi_{ij}\right)P_i\right)G<0\\&\left(A^jG+B_jY\right)^{\mathrm T}P_j\left(A^jG+B_jY\right)-G^{\mathrm T}P_iG<0,\quad\forall j\in S_{uk}^i\end{aligned}\tag{4.36}$$

令 $Y=KG$，则由不等式(4.36)可得

$$\begin{aligned}&\sum_{j\in S_k^i}\pi_{ij}\left(A^jG+B_jKG\right)^{\mathrm T}P_j\left(A^jG+B_jKG\right)-G^{\mathrm T}\left(\left(\sum_{j\in S_k^i}\pi_{ij}\right)P_i\right)G<0\\&\left(A^jG+B_jKG\right)^{\mathrm T}P_j\left(A^jG+B_jKG\right)-G^{\mathrm T}P_iG<0,\quad\forall j\in S_{uk}^i\end{aligned}\tag{4.37}$$

由不等式(4.37)得

$$\begin{aligned}&G^{\mathrm T}\left(\sum_{j\in S_k^i}\pi_{ij}\left(A^jG+B_jK\right)^{\mathrm T}P_j\left(A^jG+B_jK\right)\right)G-G^{\mathrm T}\left(\left(\sum_{j\in S_k^i}\pi_{ij}\right)P_i\right)G<0\\&G^{\mathrm T}\left(\left(A^jG+B_jK\right)^{\mathrm T}P_j\left(A^jG+B_jK\right)\right)G-G^{\mathrm T}P_iG<0,\quad\forall j\in S_{uk}^i\end{aligned}\tag{4.38}$$

显然，不等式(4.38)等价于

$$\begin{aligned}&\sum_{j\in S_k^i}\pi_{ij}\left(A^jG+B_jK\right)^{\mathrm T}P_j\left(A^jG+B_jK\right)-\left(\sum_{j\in S_k^i}\pi_{ij}\right)P_i<0\\&\left(A^jG+B_jK\right)^{\mathrm T}P_j\left(A^jG+B_jK\right)-P_i<0,\quad\forall j\in S_{uk}^i\end{aligned}$$

由定理 4.5 可得，如果存在正定矩阵 $X_i(i\in S)$，矩阵 $G\in\mathbb{R}^{n\times n}$、$Y\in\mathbb{R}^{m\times n}$，使得不等式(4.32)、(4.33)成立，则任意丢包过程的闭环网络控制系统(4.5)是均方稳定的，且控制增益矩阵为 $K=YG^{-1}$。证毕。

4.2.5　数值仿真示例与比较分析

我们考虑如下的连续系统：

$$\dot{x}(t)=\begin{bmatrix}-1&0&-0.5\\1&-0.5&0\\0&0&0.5\end{bmatrix}x(t)+\begin{bmatrix}0\\0\\1\end{bmatrix}u(t)$$

令传感器的采样周期为 T_s=0.5s，则得离散系统为

$$x(k+1)=\begin{bmatrix}0.6065 & 0 & -0.2258\\ 0.3445 & 0.7788 & -0.0536\\ 0 & 0 & 1.2840\end{bmatrix}x(k)+\begin{bmatrix}-0.0582\\ -0.0093\\ 0.5681\end{bmatrix}u(k)$$

由于 A 的特征值分别为 0.7788、0.6065、1.2840，因此离散系统是不稳定的。假设丢包上界为 s=4，系统的初始状态为 $x_0=\begin{bmatrix}-5 & 0 & 5\end{bmatrix}$。

下面我们分别运用定理 4.2、定理 4.4、定理 4.6 设计出使得任意丢包过程、Markov 丢包过程、准 Markov 丢包过程网络控制系统渐近稳定的控制器，并给出相应的仿真结果。

首先，考虑任意丢包过程网络控制系统的控制器设计。通过求解线性矩阵不等式(4.11)可以得到如下的控制增益矩阵：

$$K=\begin{bmatrix}0.035 & 0.0156 & -0.9195\end{bmatrix}$$

由定理 4.2，控制增益矩阵 $K=\begin{bmatrix}0.035 & 0.0156 & -0.9195\end{bmatrix}$ 能使得任意丢包过程网络控制系统渐近稳定。

图 4.2 和图 4.3 分别给出在[0, 20]内执行器接收到所有数据包(没有数据包丢失)和执行器接收到数据包数 N_p=15 的仿真结果。

仿真结果表明：一方面，数据包丢失降低网络控制系统的控制性能；另一方面，我们所设计的控制器能够有效地镇定任意丢包过程的网络控制系统。

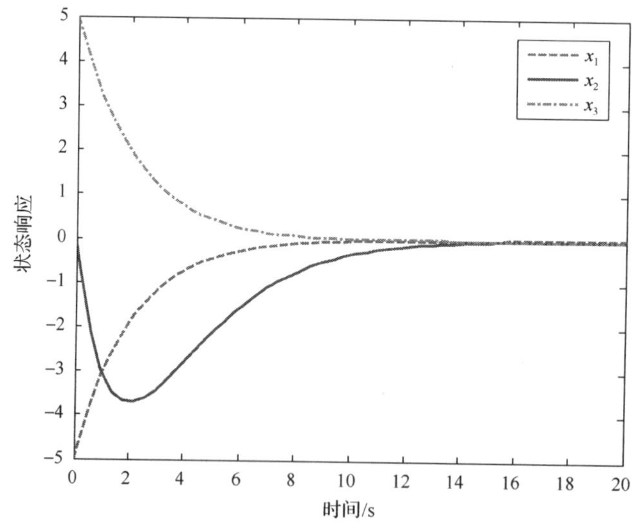

图 4.2　无数据包丢失的系统状态响应

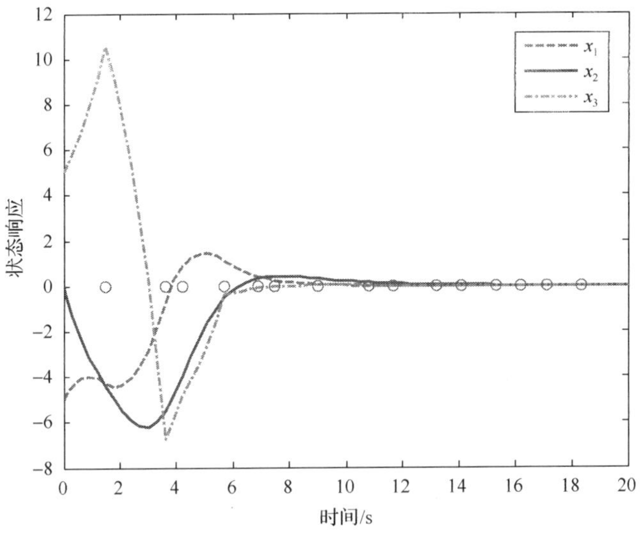

图 4.3　N_p=15 的系统状态响应

其次，考虑 Markov 丢包过程网络控制系统的控制器设计。假设状态转移矩阵为

$$\Pi=\begin{bmatrix}0.3 & 0.2 & 0.1 & 0.4\\ 0.3 & 0.2 & 0.3 & 0.2\\ 0.5 & 0.1 & 0.1 & 0.3\\ 0.2 & 0.3 & 0.4 & 0.1\end{bmatrix}$$

通过求解线性矩阵不等式(4.21)可以的到如下的控制增益矩阵：

$$K=\begin{bmatrix}0.0342 & 0.0155 & -0.9182\end{bmatrix}$$

由定理 4.4，控制增益矩阵 $K=\begin{bmatrix}0.0342 & 0.0155 & -0.9182\end{bmatrix}$ 使得 Markov 丢包过程网络控制系统渐近稳定。

由于丢包上界为 s=4，因此 Markov 丢包过程有 4 种状态。图 4.4 给出在[0,20]内满足状态转移矩阵

$$\Pi=\begin{bmatrix}0.3 & 0.2 & 0.1 & 0.4\\ 0.3 & 0.2 & 0.3 & 0.2\\ 0.5 & 0.1 & 0.1 & 0.3\\ 0.2 & 0.3 & 0.4 & 0.1\end{bmatrix}$$

的 4 种状态跳变过程的仿真结果。

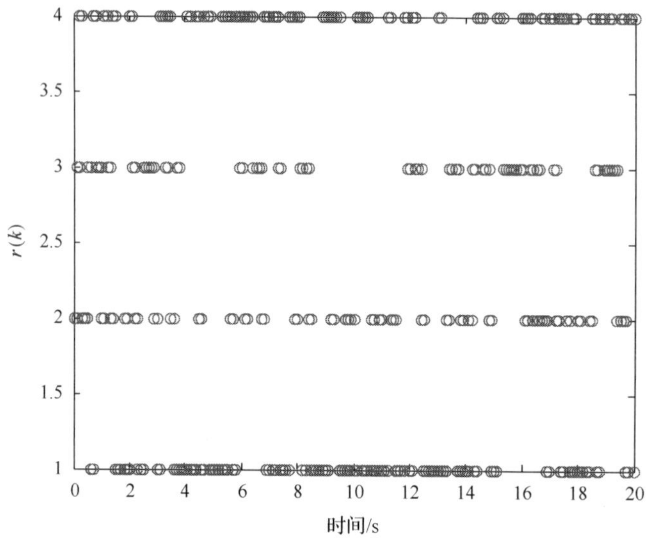

图 4.4　Markov 丢包过程

图 4.5 为相应的系统状态响应，仿真结果表明，我们所设计的控制器可以使得 Markov 丢包过程网络控制系统均方稳定。

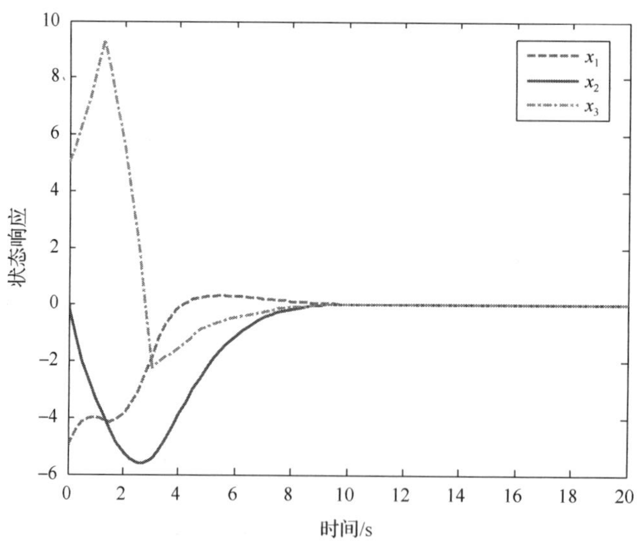

图 4.5　Markov 丢包过程的系统状态响应

最后，考虑准 Markov 丢包过程网络控制系统的控制器设计。假设状态转移矩阵为

$$\Pi=\begin{bmatrix} 0.3 & \otimes & 0.1 & \otimes \\ \otimes & \otimes & 0.3 & 0.2 \\ \otimes & 0.1 & \otimes & 0.3 \\ 0.2 & \otimes & \otimes & \otimes \end{bmatrix}$$

其中，$\otimes$ 为状态转移矩阵中的未知元素。

通过求解线性矩阵不等式(4.32)和(4.33)可以得到如下的控制增益矩阵：

$$K=\begin{bmatrix} 0.0584 & 0.0295 & -0.9048 \end{bmatrix}$$

由定理 4.6，控制增益矩阵 $K=\begin{bmatrix} 0.0584 & 0.0295 & -0.9048 \end{bmatrix}$ 能使得准 Markov 丢包过程网络控制系统均方稳定。

图 4.6 和图 4.7 分别给出在[0, 20]内执行器接收到数据包数 N_p=53 和 N_p=50 的仿真结果。仿真结果表明：一方面，执行器接收到的数据包个数越多，控制的效果就越好；另一方面，我们所设计的控制器可以有效地控制准 Markov 丢包网络控制系统。

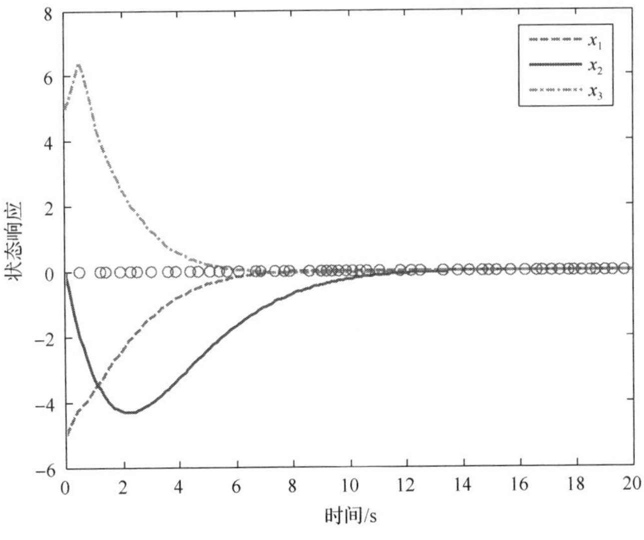

图 4.6　N_p=53 的系统状态响应

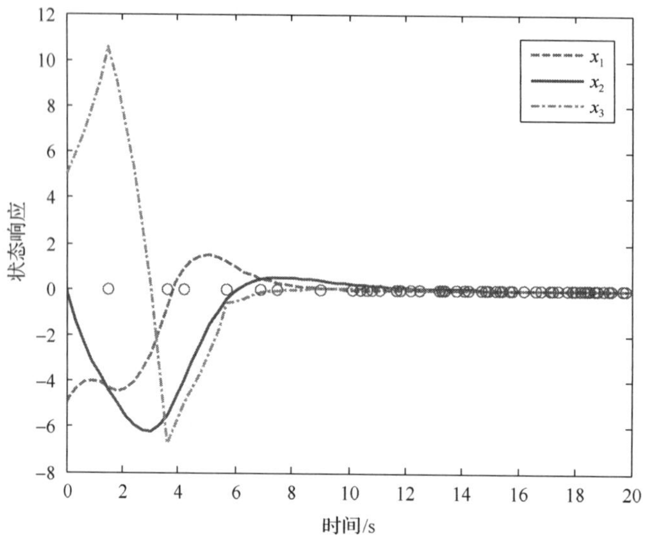

图 4.7　N_p=50 的系统状态响应

4.3　确定性丢包网络控制系统的指数稳定性分析

在前面的分析中，基于迭代的方法，我们把随机性丢包网络控制系统建模为一个 Markov 跳变系统，运用 Markov 跳变系统理论对丢包网络控制系统进行稳定系统分析和控制器设计。本节继续讨论确定性丢包对网络控制系统的稳定性的影响。运用开关系统的方法将确定性丢包网络控制系统建模为一个切换系统，基于切换系统理论中的平均逗留时间方法对丢包网络控制系统进行稳定性分析。

4.3.1　确定性丢包网络控制系统的模型化

网络控制系统最显著的特点是，系统中传感器和控制器通过网络传输测量数据和控制信息，典型的网络控制系统结构如图 4.8 所示。由于通信网络采用串行通信方式并且网络带宽为系统中各节点设备所共享，在某一时间能够同时占用网络进行数据传输的节点数目和数据传输量是有限的。当传感器、控制器和执行器通过网络传输数据时，极易出现数据碰撞导致节点竞争失败、数据传输与接收出错，以及数据包在一定时间未达到接收端。虽然大多数通信协议有重发机制，但超出一定时间未能到达的数据包将被主动丢弃。将节点竞争失败、数据传输失败，以及数据包在一定时间未能到达接收端的情况统称为数据包丢失，将数据包在一定时间内经由网络传输到达目的端的情况称为数据传输成功。

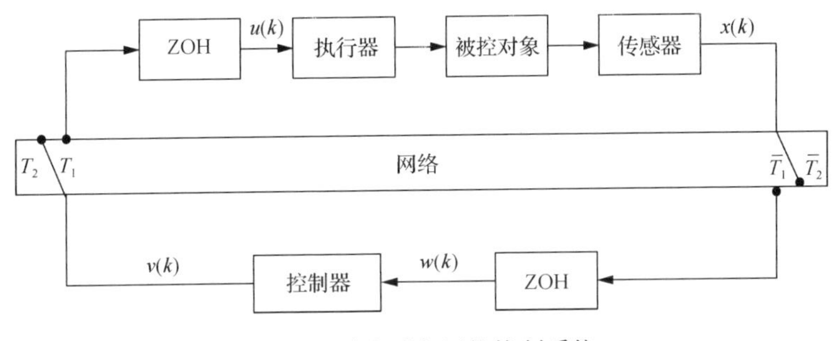

图 4.8　确定丢包网络控制系统

当系统结构功能以及网络负载一定时，一个存在数据丢包的网络可以视为按一定速率切换的开关，如图 4.8 所示。

这里我们同样考虑线性系统(4.2)，且假定(A, B)可控。控制器为状态反馈

$$u(k) = Kw(k) \tag{4.39}$$

在图 4.8 中，ZOH(zero order hold)为零阶保持器，$x(k)$表示第k周期传感器的检测输出，$w(k)$表示经由网络传输的控制器输入，$v(k)$为控制器输出，$u(k)$表示第k周期经由网络传输的控制信号，即执行器输入。传感器与控制器之间网络视为开关K_1，控制器与执行器之间网络视为开关K_2，当数据包经由网络成功传输时，视为开关接通，当网络存在数据丢包时，视为开关断开。

当开关接通时，开关的输出等于输入，当开关断开时，此刻网络传输的数据包丢失，开关的输出保持前一状态的值。开关接通与断开的动态输出模型可以表示为

$$\begin{aligned}
&\bar{T}_1:\quad w(k) = x(k)\\
&\bar{T}_2:\quad w(k) = w(k-1)\\
&T_1:\quad u(k) = v(k)\\
&T_2:\quad u(k) = u(k-1)
\end{aligned} \tag{4.40}$$

控制器与传感器、控制器与执行器之间的网络传输信号存在着数据包丢

失和数据包传输成功两种可能，因此具有数据丢包的网络控制系统存在四种状态，即 $T_1 \& \bar{T}_1$、$T_1 \& \bar{T}_2$、$\bar{T}_1 \& T_2$、$T_2 \& \bar{T}_2$。

定义如下增广向量：

$$z(k)=\left[x^{\mathrm{T}}(k),\ w^{\mathrm{T}}(k-1),\ u^{\mathrm{T}}(k-1)\right]^{\mathrm{T}} \tag{4.41}$$

当系统处在状态 $T_1 \& \bar{T}_1$ 时

$$S_1:\quad z(k+1)=\Phi_1 z(k),\ \ \Phi_1=\begin{bmatrix} A+BK & 0 & 0 \\ I & 0 & 0 \\ K & 0 & 0 \end{bmatrix} \tag{4.42}$$

当系统处在状态 $T_1 \& \bar{T}_2$ 时

$$S_2:\quad z(k+1)=\Phi_2 z(k),\ \ \Phi_2=\begin{bmatrix} A & BK & 0 \\ 0 & I & 0 \\ 0 & K & 0 \end{bmatrix} \tag{4.43}$$

当系统处在状态 $\bar{T}_1 \& T_2$ 时

$$S_3:\quad z(k+1)=\Phi_3 z(k),\ \ \Phi_3=\begin{bmatrix} A & 0 & B \\ I & 0 & 0 \\ 0 & 0 & I \end{bmatrix} \tag{4.44}$$

当系统处在状态 $T_2 \& \bar{T}_2$ 时

$$S_4:\quad z(k+1)=\Phi_4 z(k),\ \ \Phi_4=\begin{bmatrix} A & 0 & B \\ 0 & I & 0 \\ 0 & 0 & I \end{bmatrix} \tag{4.45}$$

于是闭环丢包网络控制系统可表示为具有四个子系统的切换系统

$$z(k+1)=\Phi_{\sigma(k)} z(k) \tag{4.46}$$

其中，$\sigma(k)\in M=\{i=1,2,3,4\}$。

当系统处在状态 $T_2 \& \bar{T}_2$ 时，相应的子系统 S_4 不可能稳定；当系统处在状态 $T_1 \& \bar{T}_2$ 和 $\bar{T}_1 \& T_2$ 时，相应的子系统 S_2 和 S_3 也可能不稳定；当系统处在

状态 $T_1 \& \bar{T}_1$ 时，由于 (A,B) 可控，所以相应的闭环子系统 S_1 是可以稳定的。因此，切换系统(4.46)包含了稳定的和不稳定的子系统。我们不难想象，如果系统处在 $T_1 \& \bar{T}_1$ 的时间足够长，闭环丢包网络控制系统将会趋向稳定。为此，在 4.3.2 节里，我们将基于平均逗留时间的方法对其进行指数稳定性分析。

4.3.2 基于平均逗留时间方法的指数稳定性分析

首先，我们给出指数稳定性和平均逗留时间的概念。

定义 4.4　如果切换系统(4.46)的解满足

$$\|z(k)\| \leqslant c\lambda^{k-k_0}\|z(k_0)\|, \quad \forall k \geqslant k_0$$

那么，我们称系统(4.46)指数稳定，其中，$c>0$ 为一个常数，$\lambda<1$ 为系统的指数衰减率。

定义 4.5　对于任意的切换信号 $\sigma(k)$，$N_\sigma[0,k)$ 表示切换信号 $\sigma(k)$ 在区间 $[0,k)$ 上的切换次数，如果对任意的 $N_0 \geqslant 0$ 和 $\tau_a>0$，$N_\sigma[0,k)$ 满足

$$N_\sigma[0,k) \leqslant N_0 + \frac{k}{\tau_a}$$

则称常数 τ_a 为平均逗留时间。

其次，我们给出一个重要的引理，它为我们后面证明系统指数稳定性奠定基础。

引理 4.2　如果对于给定的矩阵 $A_i, 1 \leqslant i \leqslant N$，当 $1 \leqslant i \leqslant s$ 时，矩阵 A_i Schur 稳定，当 $s+1 \leqslant i \leqslant N$ 时，矩阵 A_i 不稳定，那么存在常数 $h_i, 1 \leqslant i \leqslant N$，$\lambda_1<1$，$\lambda_2 \geqslant 1$，使得对任意的 $k \geqslant 1$ 都有下式成立：

$$\|A_i^k\| \leqslant h_i\lambda_1^k, \quad 1 \leqslant i \leqslant s$$
$$\|A_i^k\| \leqslant h_i\lambda_2^k, \quad s+1 \leqslant i \leqslant N$$

证明　记矩阵 $A_i, 1 \leqslant i \leqslant N$ 的谱半径为矩阵 $\rho(A_i), 1 \leqslant i \leqslant N$，那么由矩阵谱半径的性质可知，一定存在某个范数 $\|\cdot\|_\varepsilon$ 使得

$$\|A_i\|_\varepsilon \leqslant \rho(A_i) + \varepsilon, \quad 1 \leqslant i \leqslant s \tag{4.47}$$

其中，ε 为任意常数。由于 $A_i(1 \leqslant i \leqslant s)$ 是 Schur 稳定，因此

$$\rho\left(A_i\right)<1,\ \ 1\leqslant i\leqslant s \tag{4.48}$$

一定存在 λ_1 满足 $0<\lambda_1<1$，使得

$$\left\|A_i\right\|_\varepsilon\leqslant\lambda_1,\ \ 1\leqslant i\leqslant s \tag{4.49}$$

由式(4.49)可得

$$\left\|A_i^k\right\|_\varepsilon\leqslant\lambda_1^k,\ \ 1\leqslant i\leqslant s \tag{4.50}$$

由范数的等价性定理，我们可得

$$\alpha_i\left\|A_i\right\|\leqslant\left\|A_i\right\|_\varepsilon\leqslant\beta_i\left\|A_i\right\|,\ \ 1\leqslant i\leqslant s \tag{4.51}$$

其中，α_i 和 β_i 为正常数。由式(4.50)和式(4.51)，我们可以得到

$$\left\|A_i^k\right\|\leqslant\frac{1}{\alpha_i^k}\left\|A_i^k\right\|_\varepsilon\leqslant\frac{1}{\alpha_i^k}\lambda_1^k,\ \ 1\leqslant i\leqslant s \tag{4.52}$$

记 $h_i=\dfrac{1}{\alpha_i^k}(1\leqslant i\leqslant s)$，则

$$\left\|A_i^k\right\|\leqslant h_i\lambda_1^k,\ \ 1\leqslant i\leqslant s$$

当 $s+1\leqslant i\leqslant N$ 时的证明过程与 $1\leqslant i\leqslant s$ 的证明过程类似，这里从略。证毕。

网络控制系统的控制器设计一般有两种方法，一种是在不考虑网络的情况下设计使得系统稳定的控制器，然后为了让系统达到某种控制性能指标要求网络必须满足什么样的条件。第二种方法是把网络看作既定的条件，然后基于给定的网络环境设计出使得系统稳定的控制器。本章我们考虑第一种方法，即在不考虑网络的情况下设计使得系统稳定的控制器 K，然后分析网络丢包率满足什么样的条件系统能指数稳定。接下来，将基于平均逗留时间的方法分析丢包网络控制系统的指数稳定性，我们有如下的定理。

定理 4.7 对于给定的标量 $\lambda\in\left(\lambda_1,1\right)$ 和标量 $\lambda^*\in\left(\lambda_1,\lambda\right)$，如果切换信号 $\sigma(k)$ 满足

$$\inf_{k>0}\frac{K^-(k)}{K^+(k)}\geqslant\frac{\ln\lambda_2-\ln\lambda^*}{\ln\lambda^*-\ln\lambda_1} \tag{4.53}$$

$$\tau_a \geqslant \tau_a^* = \frac{\ln h}{\ln \lambda - \ln \lambda^*} \tag{4.54}$$

那么闭环丢包网络控制系统(4.46)全局指数稳定，指数衰减率为 λ。其中，$K^+(k)$ 为不稳定子系统运行的总时间，$K^-(k)$ 为稳定子系统运行的总时间。

证明　记 $k_1,k_2,\cdots,k_j,\cdots$ 为切换时刻，即切换信号 $\sigma(k)$ 在 $k_1,k_2,\cdots,k_j,\cdots$ 时刻发生切换，同时，我们令切换信号 $\sigma(k)$ 在区间 $\left[k_{j-1},k_j\right)$ 上的取值为 p_j，那么，对任意的 k 满足 $k_i \leqslant k \leqslant k_{i+1}$，我们有

$$z(k) = \Phi_{p_{i+1}}^{k-k_i} \Phi_{p_i}^{k_i - k_{i-1}} \cdots \Phi_{p_1}^{k_0} z_0 \tag{4.55}$$

记 $N_\sigma\left[0,k\right)$ 表示切换信号 $\sigma(k)$ 在区间 $\left[0,k\right)$ 上的切换次数，有引理 4.2 可得

$$\|z(k)\| \leqslant \prod_{q=1}^{i+1} h_q \lambda_2^{K^+(k)} \lambda_1^{K^-(k)} \|z_0\| \leqslant c h^{N_\sigma[0,k)} \lambda_2^{K^+(k)} \lambda_1^{K^-(k)} \|z_0\| \tag{4.56}$$

其中，$h = \max\limits_{1\leqslant q \leqslant 4} h_q$，$c=h$。

由式(4.53)可得

$$\lambda_2^{K^+(k)} \lambda_1^{K^-(k)} \leqslant \left(\lambda^*\right)^{K^+(k)+K^-(k)} = \left(\lambda^*\right)^k \tag{4.57}$$

于是，由式(4.56)可得

$$\|z(k)\| \leqslant c h^{N_\sigma[0,k)} \left(\lambda^*\right)^k \|z_0\| \tag{4.58}$$

下面我们分两种情况讨论 $z(k)$ 的收敛性。

当对所有的 q 都有 $h_q \leqslant 1$ 时，由(4.58)式可得

$$\|z(k)\| \leqslant c\left(\lambda^*\right)^k \|z_0\| \tag{4.59}$$

由定义 4.4，当 $h_q \leqslant 1$ 时，闭环丢包网络控制系统(4.46)全局指数稳定。因为 $\lambda^* \in \left(\lambda_1, \lambda\right)$，所以，指数衰减率为 λ。

当存在某个 q 使得 $h_q \geqslant 1$ 时，这就意味着 $h \geqslant 1$。我们令 $h_0 > 0$ 满足

$$h^{N_\sigma[0,k)} \left(\lambda^*\right)^k \leqslant h_0 \left(\lambda^*\right)^k \tag{4.60}$$

显然，式(4.60)等价于下式：

$$N_\sigma[0,k) \leqslant N_0 + \frac{k}{\tau_a} \tag{4.61}$$

其中

$$N_0 = \frac{\ln h_0}{\ln h}, \quad \tau_a^* = \frac{\ln h}{\ln \lambda - \ln \lambda^*}$$

由式(4.58)和式(4.61)，我们可得

$$\|z(k)\| \leqslant ch_0(\lambda)^k \|z_0\| \tag{4.62}$$

由定义 4.4，当在某个 q 使得 $h_q \geqslant 1$ 时，只要切换信号 $\sigma(k)$ 满足式(4.53)和式(4.54)，闭环丢包网络控制系统(4.46)全局指数稳定，指数衰减率为 λ。证毕。

4.3.3 数值仿真示例

我们考虑如下的离散系统：

$$x(k+1) = \begin{bmatrix} 0.6065 & 0 & -0.2258 \\ 0.3445 & 0.7788 & -0.0536 \\ 0 & 0 & 1.2480 \end{bmatrix} x(k) + \begin{bmatrix} -0.0582 \\ -0.0093 \\ 0.5681 \end{bmatrix} u(k)$$

由于 A 的特征值为 0.7788，0.6065，1.2840，所以此系统是不稳定系统。基于极点配置的方法，我们设计如下的控制器：

$$K = \begin{bmatrix} 0.0399 & 0.0217 & -0.8172 \end{bmatrix}$$

使得在不考虑网络的情况下，闭环系统是稳定的。

假设 k=200，n_1=194，n_2=n_3=n_4=2，则我们可以得到丢包率为

$$r = \frac{n_2 + n_3 + 2n_4}{2k} = 2\%$$

由引理 4.2，取 $h_1 = 14.0020, h_2 = 6.8605, h_3 = 13.6936, h_4 = 7.7053, \lambda_1 = 0.8014$, $\lambda_2 = 1.2840$，于是可以得到 h=14.0020。

一方面，取 $\lambda = 0.95, \lambda^* = 0.81$，则可以得到

$$r \leqslant \frac{\ln \lambda^* - \ln \lambda_1}{\ln \lambda_2 - \ln \lambda_1} = 0.0226$$

另一方面，

$$\tau_a > \tau_a^* = \frac{\ln h}{\ln \lambda - \ln \lambda^*} = 16.5542$$

由定理 4.7 知，系统全局指数稳定，指数衰减率为 $\lambda = 0.95$。

4.4 小　　结

本章分析了数据包丢失对网络控制系统的性能影响，基于迭代的方法，我们分别将任意丢包、Markov 丢包、准 Markov 丢包的网络控制系统建模为任意切换系统、Markov 跳变系统、准 Markov 跳变系统，运用切换系统、Markov 跳变系统理论对任意丢包、Markov 丢包、准 Markov 丢包的网络控制系统进行稳定性分析。基于得到的稳定性结果，我们给出了相应的控制器设计。另外，针对确定性丢包问题，我们将其建模为一个含有四个子系统的切换系统，利用平均逗留时间的方法给出系统指数稳定的充分条件。仿真算例说明了本书所提方法的有效性。

第 5 章　同时受时延与丢包干扰的网络控制系统的分析与控制

5.1　引　　言

在存在串行通信方式和共享带宽的网络控制系统中，由于网络协议、网络负载、信息优先级、信息长度、网络速率、节点间距离、采样技术和信息调度算法等诸多因素的影响不可避免的会产生网络诱导时延。而且，由于受网络节点偶尔发生通信故障、频繁的通信冲突以及信道的干扰等因素的影响，还会产生数据包传输失败即数据包丢失的现象。目前，对于网络控制系统的研究主要集中于考虑网络诱导时延的影响，对数据包丢失的现象近来也有不少文章涉及，但同时考虑网络诱导时延和数据包丢失的文章相对较少，特别是针对时变时延和不确定的丢包过程的考虑更是凤毛麟角。因此本章针对网络控制系统中存在的网络诱导时延和数据包丢失的情况，基于输入延时的方法对网络控制系统进行了建模，进而运用 Lyapunov 理论、线性矩阵不等式和锥补线性化方法对时延丢包网络控制系统进行稳定性分析和控制器的设计。

5.2　同时受时延与丢包干扰的网络控制系统的模型化

考虑线性时不变系统

$$\dot{x}(t) = \bar{A}x(t) + \bar{B}u(t) \tag{5.1}$$

其中，$x(t) \in \mathbb{R}^n, u(t) \in \mathbb{R}^m$ 分别表示系统状态和控制输入。$\bar{A}$、$\bar{B}$ 为相应的适当维数矩阵。该系统的网络控制结构可以用图 5.1 描述。

假设传感器的采样周期为 T_s，运用离散化方法，系统 (5.1) 的离散化系统模型可表示为

$$x(k+1) = Ax(k) + Bu(k) \tag{5.2}$$

其中，$A = e^{\bar{A}T_s}, B = \int_0^{T_s} e^{\bar{A}s} ds \bar{B}$。

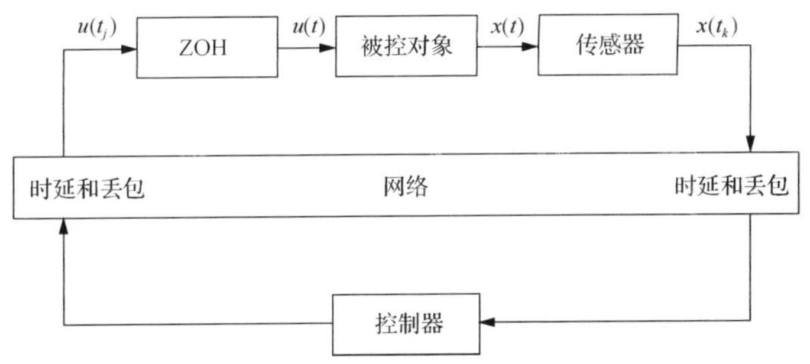

图 5.1　时延和丢包相混合的网络控制系统

图 5.2 给出了数据包的传输示意图。

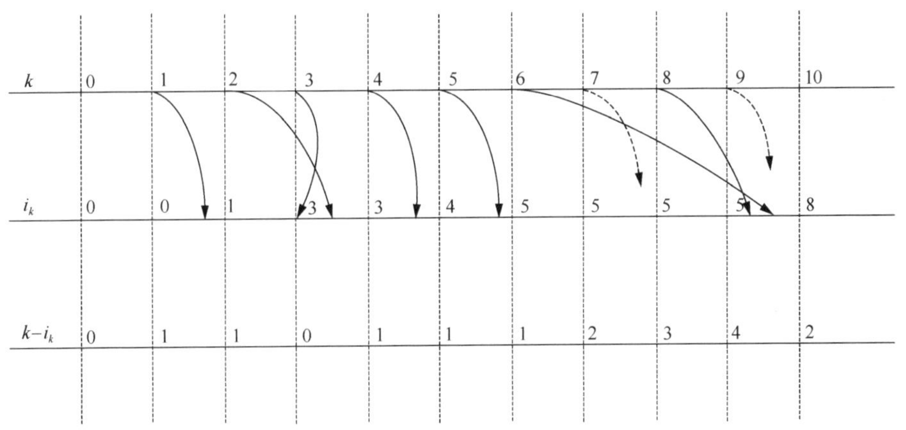

图 5.2　数据包传输示意图

图 5.1 中的零阶保持器(ZOH)的工作机制如下：

步骤 1　给定 $u(0)$，令 $i_0=0$，$k=0$；

步骤 2　在采样时刻 t_k，零阶保持器的输出更新为：$u(t)=u(i_kT_\mathrm{s})$，$t_k \leqslant t < t_{k+1}$，并且令 $i_{k+1}=i_k$；

步骤 3　在 $t_k < t \leqslant t_{k+1}$ 期间，如果有数据包 $u(jT_\mathrm{s})$ 到达，并且 $j > i_{k+1}$，那么零阶保持器的输出更新为：$u(jT_\mathrm{s})$，并且令 $i_{k+1}=j$；

步骤 4　重复步骤 3 直到下一个采样时刻 t_{k+1}。令 $k=k+1$ 并回到步骤 2。

由零阶保持器的工作机制，$u(i_kT_\mathrm{s})$ 是在 t_k 时刻零阶保持器收到的最新控制信息，$u(i_{k+1}T_\mathrm{s})$ 是在 t 时刻零阶保持器收到的最新控制信息，其中 $t_k < t \leqslant t_{k+1}$，$u(jT_\mathrm{s})$ 是在 $t_k < t \leqslant t_{k+1}$ 期间到达的信息。在步骤中，对零阶保持器的工作机制进行初始化，在步骤 2 中，零阶保持器的输出更新为最新的

控制信息，在步骤 3 中，零阶保持器保持最新的控制信息。

定义输入时延

$$d(k)=k-i_k$$

则

$$i_k=k-d(k)$$

由数据包传输示意图以及零阶保持器的工作机制，我们可以发现网络传输时延和数据包丢失被包含在输入时延 $d(k)$ 中，因此，同时具有时延和丢包的网络控制系统可描述为如下带输入时延的离散系统：

$$x(k+1)=Ax(k)+u(k-d(k)) \tag{5.3}$$

一方面，由网络的自身特性保证输入时延 $d(k)$ 是有上界的，即存在 $d_{\max}>0$ 使得输入时延 $d(k)$ 满足

$$0\leqslant d(k)\leqslant d_{\max} \tag{5.4}$$

另一方面，由零阶保持器的工作机制可知 $i_k\leqslant i_{k+1}$，因此输入时延 $d(k)$ 满足

$$d(k+1)\leqslant d(k)+1 \tag{5.5}$$

我们要设计状态反馈控制器

$$u=Kx \tag{5.6}$$

其中，$K\in R^{m\times n}$ 为要设计的控制器。控制器(5.6)中的采样时刻 k 省略表明控制器是事件驱动的，且不依赖与网络传输过程中的时延和丢包。于是得到闭环系统

$$x(k+1)=Ax(k)+BKx(k-d(k)) \tag{5.7}$$

本章的主要目的就是设计网络控制器(5.6)使得闭环网络控制系统(5.7)渐近稳定。

5.3 同时受时延与丢包干扰的网络控制系统的稳定性分析

对于上节描述的网络控制系统，本节将研究闭环网络控制系(5.7)渐近稳定的充分条件。定理 5.1 给出系统(5.7)渐近稳定的一个判据并为接下来的控制器设计奠定基础。

定理 5.1　如果存在矩阵 $P>0$，$Z>0$，$T_1\in\mathbb{R}^{n\times n}$ 和 $T_2\in\mathbb{R}^{n\times n}$ 使得下列矩阵不等式成立：

$$\begin{bmatrix} \Phi_{11} & \Phi_{12} & T_1 \\ * & \Phi_{22} & T_2 \\ * & * & -d_{\max}^{-1}Z^{-1} \end{bmatrix}<0 \tag{5.8}$$

其中

$$\Phi_{11}=A^{\mathrm{T}}PA-P+d_{\max}(A^{\mathrm{T}}-I)Z(A-I)+T_1+T_1^{\mathrm{T}}$$
$$\Phi_{12}=A^{\mathrm{T}}PBK+d_{\max}(A^{\mathrm{T}}-I)ZBK-T_1+T_2^{\mathrm{T}}$$
$$\Phi_{22}=K^{\mathrm{T}}B^{\mathrm{T}}PBK+d_{\max}K^{\mathrm{T}}B^{\mathrm{T}}ZBK-T_2-T_2^{\mathrm{T}}$$

则闭环网络控制系统(5.7)渐近稳定。

证明　定义

$$\zeta(k)=x(k+1)-x(k)$$
$$\xi(k)=\left[x^{\mathrm{T}}(k)\quad x^{\mathrm{T}}(k-d(k))\right]^{\mathrm{T}}$$

则

$$\zeta(k)=(A-I)x(k)+BKx(k-d(k))$$
$$x(k-d(k))=x(k)-\sum_{m=k-d(k)}^{k-1}\zeta(m)$$

为分析系统(5.7)的稳定性，我们选取如下的 Lyapunov 泛函

$$V(k)=V_1+V_2+V_3$$

其中

$$V_1=x^{\mathrm{T}}(k)Px(k)$$
$$V_2=\sum_{l=k-d(k)}^{k-1}x^{\mathrm{T}}(l)Qx(l)$$
$$V_3=\sum_{i=-d_{\max}+1}^{0}\sum_{h=k-1+l}^{k-1}\zeta^{\mathrm{T}}(h)Z\zeta(h)$$

其中，P、Q、Z 均为正定矩阵。

定义

$$\Delta V=V(k+1)-V(k)$$

首先

$$\begin{aligned}\Delta V_1&=x^{\mathrm{T}}(k+1)Px(k+1)-x^{\mathrm{T}}(k)Px(k)\\&=\xi^{\mathrm{T}}(k)\begin{bmatrix}A^{\mathrm{T}}PA-P & A^{\mathrm{T}}PBK\\ * & K^{\mathrm{T}}B^{\mathrm{T}}PBK\end{bmatrix}\xi(k)\end{aligned}$$

其次

$$\begin{aligned}\Delta V_2&=\sum_{l=k-d(k+1)+1}^{k}x^{\mathrm{T}}(l)Qx(l)-\sum_{l=k-d(k)}^{k-1}x^{\mathrm{T}}(l)Qx(l)\\&=x^{\mathrm{T}}(k)Qx(k)+\sum_{i=k+1-d(k+1)}^{k-1}x^{\mathrm{T}}(i)Qx(i)-\sum_{i=k-d(k)}^{k-1}x^{\mathrm{T}}(i)Qx(i)\end{aligned}$$

由不等式(5.5)可得

$$k-d(k)\leqslant k+1-d(k+1)$$

于是

$$\sum_{i=k-d(k+1)+1}^{k-1}x^{\mathrm{T}}(i)Qx(i)-\sum_{i=k-d(k)+1}^{k-1}x^{\mathrm{T}}(i)Qx(i)\leqslant 0$$

因此

$$\begin{aligned}\Delta V_2&=x^{\mathrm{T}}(k)Qx(k)+\sum_{i=k+1-d(k+1)}^{k-1}x^{\mathrm{T}}(i)Qx(i)-\sum_{i=k-d(k)}^{k-1}x^{\mathrm{T}}(i)Qx(i)\\&\leqslant x^{\mathrm{T}}(k)Qx(k)\end{aligned}$$

最后

$$\begin{aligned}\Delta V_3&=\sum_{l=-d_{\max}+1}^{0}\left[\sum_{h=k+l}^{k}\zeta^{\mathrm{T}}(h)Z\zeta(h)-\sum_{h=k-1+l}^{k-1}\zeta^{\mathrm{T}}(h)Z\zeta(h)\right]\\&=\sum_{l=-d_{\max}+1}^{0}\left[\zeta^{\mathrm{T}}(k)Z\zeta(k)-\zeta^{\mathrm{T}}(k-1+l)Z\zeta(k-1+l)\right]\\&=d_{\max}\zeta^{\mathrm{T}}(k)Z\zeta(k)-\sum_{l=k-d_{\max}}^{k-1}\zeta^{\mathrm{T}}(l)Z\zeta(l)\end{aligned}$$

另外，对正定矩阵 Z 和任意的矩阵 $T=\begin{bmatrix}T_1^{\mathrm{T}} & T_2^{\mathrm{T}}\end{bmatrix}^{\mathrm{T}}\in\mathbb{R}^{2n\times n}$ ，我们有

$$\begin{bmatrix}TZ^{-1}Z & T\\ * & Z\end{bmatrix}\geqslant 0$$

因此

$$\begin{aligned}
&0\leqslant\sum_{l=k-d(k)}^{k-1}\begin{bmatrix}\xi(k)\\ \zeta(k)\end{bmatrix}^{\mathrm{T}}\begin{bmatrix}TZ^{-1}T^{\mathrm{T}} & T\\ * & Z\end{bmatrix}\begin{bmatrix}\xi(k)\\ \zeta(k)\end{bmatrix}\\
&=d(k)\xi^{\mathrm{T}}(k)TZ^{-1}T^{\mathrm{T}}\xi(k)+2\xi^{\mathrm{T}}(k)T\sum_{l=k-d(k)}^{k-1}\zeta(l)\\
&\quad+\sum_{l=k-d(k)}^{k-1}\zeta^{\mathrm{T}}(l)Z\zeta(l)\\
&\leqslant d_{\max}\xi^{\mathrm{T}}(k)TZ^{-1}T^{\mathrm{T}}\xi(k)+2\xi^{\mathrm{T}}(k)T\left[x(k)-x(k-d(k))\right]\\
&\quad+\sum_{l=k-d(k)}^{k-1}\zeta^{\mathrm{T}}(l)Z\zeta(l)\\
&\stackrel{\text{def}}{=\!=}\Theta
\end{aligned}$$

于是

$$\begin{aligned}
\Delta V_3&=V_3(k+1)-V_3(k)\\
&\leqslant V_3(k+1)-V_3(k)+\Theta\\
&=d_{\max}\zeta^{\mathrm{T}}(k)Z\zeta(k)+d_{\max}\xi^{\mathrm{T}}(k)TZ^{-1}T^{\mathrm{T}}\xi(k)+2\xi^{\mathrm{T}}(k)T\left[x(k)-x(k-d(k))\right]\\
&\leqslant\xi^{\mathrm{T}}(k)\left(d_{\max}\begin{bmatrix}T_1\\ T_2\end{bmatrix}Z^{-1}\begin{bmatrix}T_1^{\mathrm{T}} & T_2^{\mathrm{T}}\end{bmatrix}\right)\xi(k)\\
&\quad+\xi^{\mathrm{T}}(k)\left(d_{\max}\begin{bmatrix}(A^{\mathrm{T}}-I)Z(A-I) & (A^{\mathrm{T}}-I)ZBK\\ * & K^{\mathrm{T}}B^{\mathrm{T}}ZBK\end{bmatrix}\right)\xi(k)\\
&\quad+\xi^{\mathrm{T}}(k)\left(\begin{bmatrix}T_1+T_1^{\mathrm{T}} & -T_1+T_2^{\mathrm{T}}\\ * & -T_2-T_2^{\mathrm{T}}\end{bmatrix}\right)\xi(k)
\end{aligned}$$

因此

$$\begin{aligned}
\Delta V&=\Delta V_1+\Delta V_2+\Delta V_3\\
&\leqslant\xi^{\mathrm{T}}(k)\left(\begin{bmatrix}\Phi_{11}+Q & \Phi_{12}\\ * & \Phi_{22}\end{bmatrix}+d_{\max}\begin{bmatrix}T_1\\ T_2\end{bmatrix}Z^{-1}\begin{bmatrix}T_1^{\mathrm{T}} & T_2^{\mathrm{T}}\end{bmatrix}\right)\xi(k)
\end{aligned}$$

由式(5.8)和 Schur 补定理可得

$$\begin{bmatrix} \Phi_{11} & \Phi_{12} \\ * & \Phi_{22} \end{bmatrix} + d_{\max} \begin{bmatrix} T_1 \\ T_2 \end{bmatrix} Z^{-1} \begin{bmatrix} T_1^{\mathrm{T}} & T_2^{\mathrm{T}} \end{bmatrix} < 0$$

因此，对充分小的 Q，我们有

$$\begin{bmatrix} \Phi_{11}+Q & \Phi_{12} \\ * & \Phi_{22} \end{bmatrix} + d_{\max} \begin{bmatrix} T_1 \\ T_2 \end{bmatrix} Z^{-1} \begin{bmatrix} T_1^{\mathrm{T}} & T_2^{\mathrm{T}} \end{bmatrix} < 0$$

于是，对任意的 $\xi(k) \neq 0$，我们有

$$\begin{aligned} \Delta V &= \Delta V_1 + \Delta V_2 + \Delta V_3 \\ &\leqslant \xi^{\mathrm{T}}(k) \left(\begin{bmatrix} \Phi_{11}+Q & \Phi_{12} \\ * & \Phi_{22} \end{bmatrix} + d_{\max} \begin{bmatrix} T_1 \\ T_2 \end{bmatrix} Z^{-1} \begin{bmatrix} T_1^{\mathrm{T}} & T_2^{\mathrm{T}} \end{bmatrix} \right) \xi(k) \\ &< 0 \end{aligned}$$

因此闭环网络控制系统(5.7)渐近稳定。证毕。

5.4 基于锥补线性化方法的控制器设计

基于上节给出的稳定性结果，本节主要讨论基于锥补线性化方法的控制器设计，即确定增益矩阵 K 使得系统(5.7)渐近稳定。

定理 5.2 如果存在矩阵 $P>0$，$X>0, Z>0, W>0$，$T_1 \in \mathbb{R}^{n\times n}$，$T_2 \in \mathbb{R}^{n\times n}$ 和 $K \in \mathbb{R}^{m\times n}$ 使得下列式子成立

$$\begin{bmatrix} \Psi_1 & * & * & * & * \\ -T_1^{\mathrm{T}}+T_2 & -T_2-T_2^{\mathrm{T}} & * & * & * \\ T_1^{\mathrm{T}} & T_2^{\mathrm{T}} & -d_{\max}^{-1}Z & * & * \\ A-I & BK & 0 & -d_{\max}^{-1}W & * \\ A & BK & 0 & 0 & -X \end{bmatrix} < 0 \tag{5.9}$$

$$ZW = I, \quad PX = I \tag{5.10}$$

其中

$$\Psi_1 = -P + T_1 + T_1^{\mathrm{T}}$$

则控制器(5.6)使得闭环网络控制系统(5.7)渐近稳定。

证明　由 Schur 补定理可知，(5.8)等价于

$$\begin{bmatrix} \Psi_1 & * & * & * & * \\ -T_1^{\mathrm{T}}+T_2 & -T_2-T_2^{\mathrm{T}} & * & * & * \\ T_1^{\mathrm{T}} & T_2^{\mathrm{T}} & -d_{\max}^{-1}Z & * & * \\ A-I & BK & 0 & -d_{\max}^{-1}Z^{-1} & * \\ A & BK & 0 & 0 & -P^{-1} \end{bmatrix}<0 \tag{5.11}$$

定义

$$W=Z^{-1},\quad X=P^{-1}$$

于是

$$\begin{bmatrix} \Psi_1 & * & * & * & * \\ -T_1^{\mathrm{T}}+T_2 & -T_2-T_2^{\mathrm{T}} & * & * & * \\ T_1^{\mathrm{T}} & T_2^{\mathrm{T}} & -d_{\max}^{-1}Z & * & * \\ A-I & BK & 0 & -d_{\max}^{-1}W & * \\ A & BK & 0 & 0 & -X \end{bmatrix}<0$$

证毕。

为了求解增益矩阵 K，我们运用锥补线性化方法把原问题转化为如下具有线性矩阵不等式限制的非线性最优化问题：

$$\min_{P,X,Z,W,T_1,T_2,K}\ \mathrm{tr}(ZW+PX)$$

使得下列矩阵不等式：

$$\begin{bmatrix} \Psi_1 & * & * & * & * \\ -T_1^{\mathrm{T}}+T_2 & -T_2-T_2^{\mathrm{T}} & * & * & * \\ T_1^{\mathrm{T}} & T_2^{\mathrm{T}} & -d_{\max}^{-1}Z & * & * \\ A-I & BK & 0 & -d_{\max}^{-1}W & * \\ A & BK & 0 & 0 & -X \end{bmatrix}<0$$

$$\begin{bmatrix} Z & I \\ * & W \end{bmatrix}\geqslant 0,\quad \begin{bmatrix} P & I \\ * & X \end{bmatrix}\geqslant 0 \tag{5.12}$$

成立。

锥补线性化算法如下：

步骤 1 寻找一组满足不等式(5.9)、(5.12)的可行解$(P,X,Z,W,T_1,T_2,K)^0$，记k=0；

步骤 2 求解如下优化问题：

$$\min_{P,X,Z,W,T_1,T_2,K} \operatorname{tr}(PX^k + P^kX + ZW^k + Z^kW)$$

使得下列矩阵不等式：

$$\begin{bmatrix} \Psi_1 & * & * & * & * \\ -T_1^{\mathrm{T}} + T_2 & -T_2 - T_2^{\mathrm{T}} & * & * & * \\ T_1^{\mathrm{T}} & T_2^{\mathrm{T}} & -d_{\max}^{-1}Z & * & * \\ A - I & BK & 0 & -d_{\max}^{-1}W & * \\ A & BK & 0 & 0 & -X \end{bmatrix} < 0$$

$$\begin{bmatrix} Z & I \\ * & W \end{bmatrix} \geqslant 0, \quad \begin{bmatrix} P & I \\ * & X \end{bmatrix} \geqslant 0$$

成立；

步骤 3 将$(P,X,Z,W,T_1,T_2,K)^k$代入不等式(5.11)，如果不等式(5.11)满足且对充分小的$\delta > 0$

$$\left|\operatorname{tr}(PX + ZW) - 2n\right| < \delta$$

那么，输出可行解(P,X,Z,W,T_1,T_2,K)，退出；

步骤 4 如果$k > N$，N为最大的迭代次数，退出；

步骤 5 k=k+1，$(P, X, Z, W, T_1, T_2, K)^k = (P, X, Z, W, T_1, T_2, K)$，回到步骤 2。

5.5 基于线性矩阵不等式方法的控制器设计

本节主要讨论另一种控制器的设计方法，即基于线性矩阵不等式方法的控制器设计，即确定增益矩阵K使得系统(5.7)渐近稳定。

定理 5.3 如果存在矩阵$X > 0$，$W > 0$，$\bar{T}_1 \in \mathbb{R}^{n\times n}$，$\bar{T}_2 \in \mathbb{R}^{n\times n}$和$Y \in \mathbb{R}^{m\times n}$使得线性矩阵不等式

$$\begin{bmatrix} \Psi_2 & * & * & * & * \\ -\bar{T}_1^{\mathrm{T}}+T_2 & -\bar{T}_2-\bar{T}_2^{\mathrm{T}} & * & * & * \\ \bar{T}_1^{\mathrm{T}} & \bar{T}_2^{\mathrm{T}} & \Psi_3 & * & * \\ (A-I)X & BY & 0 & -d_{\max}^{-1}W & * \\ AX & BY & 0 & 0 & -X \end{bmatrix}<0 \tag{5.13}$$

对某个给定的$\alpha>0$成立。其中

$$\Psi_2=-X+\bar{T}_1+\bar{T}_1^{\mathrm{T}}$$

$$\Psi_3=-d_{\max}^{-1}(2\alpha X-\alpha^2W)$$

则控制器

$$K=YX^{-1}$$

使得闭环网络控制系统(5.7)渐近稳定。

证明　令$\varLambda=\mathrm{diag}(P^{-1},Z^{-1},I,I)$，对(5.11)进行合同变换

$$\begin{bmatrix} \Psi_2 & * & * & * & * \\ -P^{-1}T_1^{\mathrm{T}}P^{-1}+P^{-1}T_2P^{-1} & -P^{-1}T_2P^{-1}-P^{-1}T_2^{\mathrm{T}}P^{-1} & * & * & * \\ P^{-1}T_1^{\mathrm{T}}P^{-1} & P^{-1}T_2^{\mathrm{T}}P^{-1} & -d_{\max}^{-1}XW^{-1}X & * & * \\ (A-I)X & BKP^{-1} & 0 & -d_{\max}^{-1}Z^{-1} & * \\ AX & BKP^{-1} & 0 & 0 & -P^{-1} \end{bmatrix}<0 \tag{5.14}$$

令

$$X=P^{-1},W=Z^{-1},Y=KP^{-1},\bar{T}_1=P^{-1}T_1P^{-1},\bar{T}_2=P^{-1}T_2P^{-1},\Psi_4=-d_{\max}^{-1}XW^{-1}X$$

则不等式(5.14)转化为

$$\begin{bmatrix} \Psi_2 & * & * & * & * \\ \bar{T}_1^{\mathrm{T}}+\bar{T}_2 & -\bar{T}_2-\bar{T}_2^{\mathrm{T}} & * & * & * \\ \bar{T}_1^{\mathrm{T}} & \bar{T}_2^{\mathrm{T}} & \Psi_4 & * & * \\ (A-I)X & BY & 0 & -d_{\max}^{-1}W & * \\ AX & BY & 0 & 0 & -X \end{bmatrix}<0 \tag{5.15}$$

由于

$$(X-\alpha W)(\alpha W)^{-1}(X-\alpha W)\geqslant 0$$

因此

$$2\alpha X-\alpha^2 W\leqslant XW^{-1}X$$

于是

$$\Psi_4=-d_{\max}^{-1}XW^{-1}X\leqslant -d_{\max}^{-1}(2\alpha X-\alpha^2 W)=\Psi_3$$

由不等式(5.15)可得，对某个给定的$\alpha>0$，我们有

$$\begin{bmatrix} \Psi_2 & * & * & * & * \\ -\bar{T}_1^{\mathrm{T}}+T_2 & -\bar{T}_2-\bar{T}_2^{\mathrm{T}} & * & * & * \\ \bar{T}_1^{\mathrm{T}} & \bar{T}_2^{\mathrm{T}} & \Psi_3 & * & * \\ (A-I)X & BY & 0 & -d_{\max}^{-1}W & * \\ AX & BY & 0 & 0 & -X \end{bmatrix}<0$$

证毕。

5.6 数值仿真示例

例 5.1 我们考虑如下的连续系统：

$$\dot{x}(t)=\begin{bmatrix} -1 & 0 & -0.5 \\ 1 & -0.5 & 0 \\ 0 & 0 & 0.5 \end{bmatrix}x(t)+\begin{bmatrix} 0 \\ 0 \\ 1 \end{bmatrix}u(t)$$

令传感器的采样周期为 T_s=0.2s，则得离散系统为

$$x(k+1)=\begin{bmatrix}0.8187 & 0 & -0.0955\\ 0.1722 & 0.9048 & -0.0094\\ 0 & 0 & 1.1052\end{bmatrix}x(k)+\begin{bmatrix}-0.0097\\ -0.0006\\ 0.2103\end{bmatrix}u(k)$$

由于 A 的特征值分别为 0.8187、0.9048、1.1052，因此离散系统是不稳定的。假设假设初始状态为 $x_0=\begin{bmatrix}-5 & 0 & 5\end{bmatrix}$，$d(k)$ 满足 $1\leqslant d(k)\leqslant 5$，由锥补线性化方法，我们可以得到如下的控制增益矩阵：

$$K=\begin{bmatrix}0.0594 & 0.0253 & -0.8402\end{bmatrix}$$

由于 $d(k)$ 同时包含了网络传输过程中的时延和丢包，因此，由定理 5.2 可知，我们所设计的控制器能使得同时受时延和丢包干扰的网络控制系统渐近稳定。

例 5.2　我们考虑如下的连续系统：

$$\dot{x}(t)=\begin{bmatrix}1.38 & -0.2077 & 6.715 & -5.676\\ -0.5814 & -4.29 & 0 & 0.675\\ 1.067 & 4.273 & -6.654 & 5.893\\ 0.048 & 4.273 & 1.343 & -2.104\end{bmatrix}x(t)+\begin{bmatrix}0 & 0\\ 5.679 & 0\\ 1.136 & -3.146\\ 1.136 & 0\end{bmatrix}u(t)$$

令传感器的采样周期为 T_s=0.005s，则得离散系统为

$$x(k+1)=\begin{bmatrix}1.0070 & -0.0010 & 0.0330 & -0.0278\\ -0.0029 & 0.9788 & 0 & 0.0034\\ 0.0052 & 0.0211 & 0.9675 & 0.0288\\ 0.0002 & 0.0211 & 0.0066 & 0.9897\end{bmatrix}x(k)+\begin{bmatrix}0 & -0.0003\\ 0.0281 & 0\\ 0.0060 & -0.0155\\ 0.0060 & -0.0001\end{bmatrix}u(k)$$

由于 A 的特征值分别为 1.0100、1.0004、0.9750、0.9576，因此离散系统是不稳定的。假设初始状态为 $x_0=\begin{bmatrix}-5 & 0 & 5 & 0\end{bmatrix}$，$d(k)$ 满足 $1\leqslant d(k)\leqslant 5$。令 $\alpha=1$，由线性矩阵不等式方法，我们可以得到如下控制增益矩阵：

$$K=\begin{bmatrix}1.2169 & -2.5940 & 0.2246 & -2.0555\\ 4.8794 & -0.3511 & 5.4033 & -1.7427\end{bmatrix}$$

由于 $d(k)$ 包含了网络传输过程中的时延和丢包，因此，由定理 5.3 可知，我们所设计的控制器能使得同时受时延和丢包干扰的网络控制系统渐近稳定。

在例 5.1 中，我们基于锥补线性化方法设计了使得系统渐近稳定的控制

器，图 5.3 和图 5.4 分别给出系统的状态响应和控制输入的仿真。在例 5.2 中，我们线性矩阵不等式方法设计了使得系统渐近稳定的控制器，图 5.5 和图 5.6 分别给出系统的状态响应和控制输入的仿真。仿真的结果表明了我们所提出的设计方法的有效性。

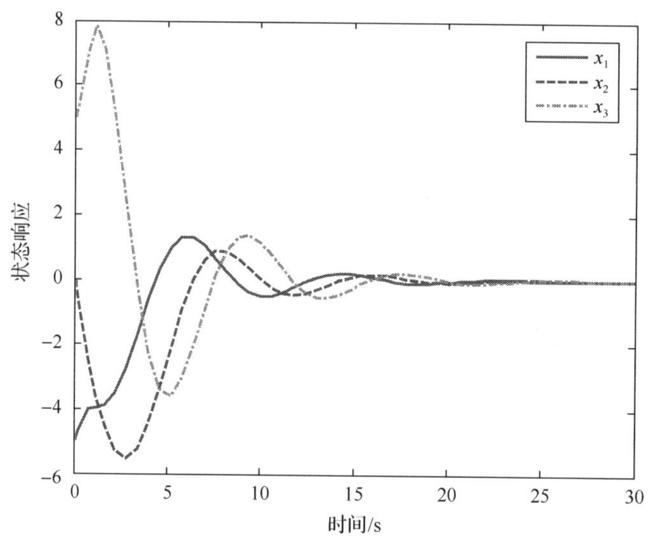

图 5.3　系统的状态响应

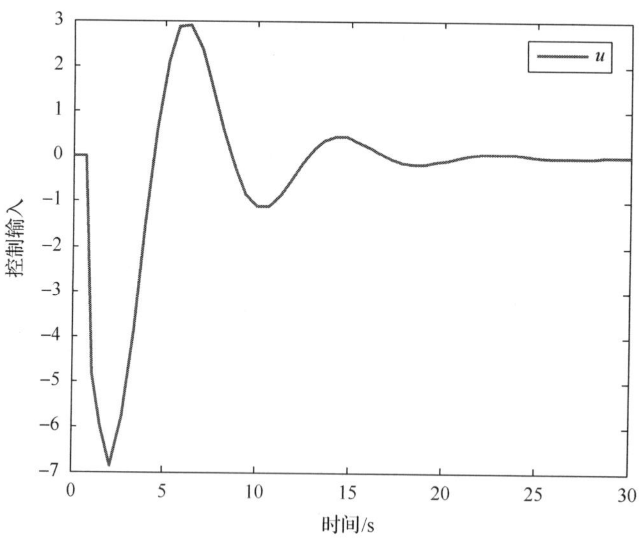

图 5.4　系统的控制输入

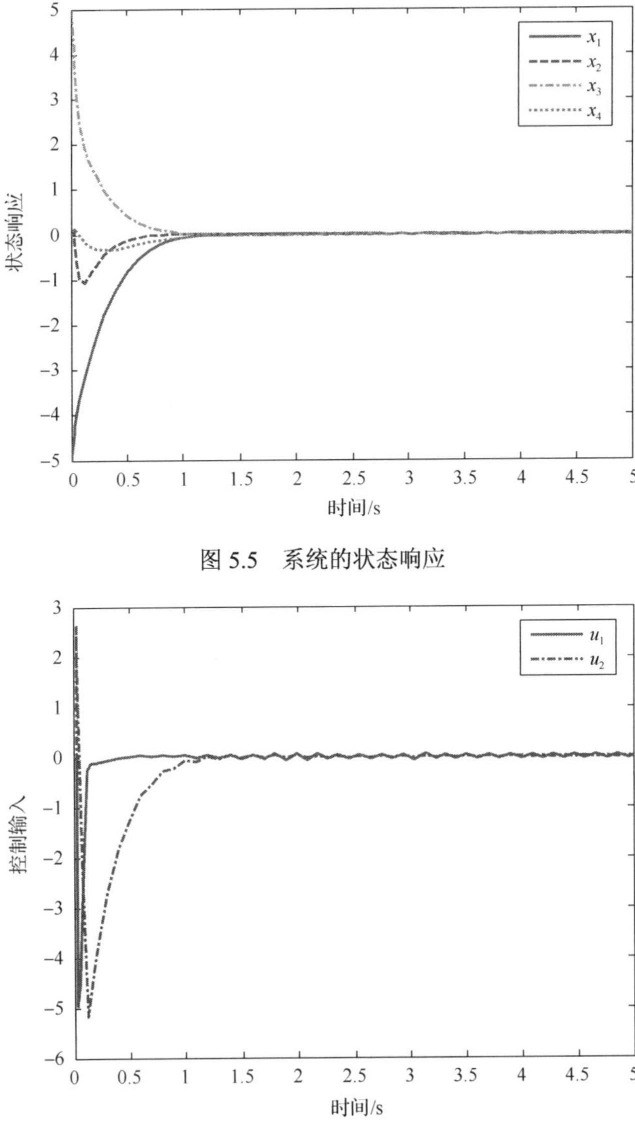

图 5.5　系统的状态响应

图 5.6　系统的控制输入

5.7　小　　结

本章分析了网络诱导时延和数据包丢失对网络控制系统的影响，基于输入延时的方法将同时受时延和丢包干扰的网络控制系统建模为一个时滞系统，进而运用 Lyapunov 和线性矩阵不等式方法对同时受时延和丢包干扰的网络控制系统进行稳定性分析。基于所得到的稳定性结果，分别利用锥补线性化方法和线性矩阵不等式方法给出两种控制器的设计方法，仿真算例说明本书所提方法的有效性。

第6章 非线性网络控制系统的分析与综合

6.1 引 言

本质上讲，任何系统都是非线性系统；对于一些非线性不是很强的控制系统，可以将其简化为线性系统来分析和设计，例如，具有弱非线性特性的电加热炉温度控制系统、简单的液位控制系统可以简化为一阶惯性环节加上滞后或一阶惯性模型，进而采用古典控制理论方法或线性系统理论来设计控制器。对于相当一部分非线性控制系统，在基本满足工程需要的前提下，通过将其在某一平衡点附近线性化，建立其在平衡点状态工作区的状态方程模型，从而采用线性系统理论来分析和设计。对于一些强非线性系统，如机械手控制系统、复杂化工过程、倒立摆摆起控制、飞行器姿态控制等，此类系统本身具有的复杂性、强耦合特性使得传统的用线性模型来分析和设计非线性系统的方法已不能够满足工程的需要，这就需要人们重视控制理论中的非线性问题，研究非线性控制系统理论。

本书针对一类非线性网络控制系统的时延问题，运用 Lyapunov 稳定性理论并结合 Razumikhin 方法，给出其稳定性的判据以及控制器的设计方法。同时，基于 Razumikhin 方法给出了线性网络控制系统的具有较低保守性的最大时延界。最后给出了数值仿真例子。

6.2 非线性网络控制系统的组织结构与特点

非线性网络控制系统的组织结构与线性网络控制系统的组织结构类似，但与线性网络控制系统相比，非线性网络控制系统有着自身的特点，即被控对象为非线性系统。非线性系统本身的复杂性再加上网络的介入，使得对非线性网络控制系统分析非常困难。

我们考虑如下的非线性控制系统：

$$\begin{aligned}\dot{x}(t) &= f(t, x(t), u(t)) \\ u(t) &= Kx(t)\end{aligned} \tag{6.1}$$

其中，$x(t) \in \mathbb{R}^n, u(t) \in \mathbb{R}^m, y(t) \in \mathbb{R}^r$ 分别表示系统状态、控制输入与系统输出。$f: \mathbb{R} \times \mathbb{R}^n \times \mathbb{R}^m \to \mathbb{R}^n$ 连续可微，满足局部 Lipschiz 条件，且满足 $f(t, x(t), 0) = 0$。

由于网络时延的存在，非线性网络控制系统为

$$\begin{aligned}\dot{x}(t) &= f(t, x(t), u(t)), \quad t \in [kh + \tau_k, (k+1)h + \tau_{k+1}) \\ u(t^+) &= Kx(t - \tau_k), \quad t \in \{kh + \tau_k, k = 1, 2, \cdots\}\end{aligned} \tag{6.2}$$

于是得到闭环非线性网络控制系统

$$\dot{x}(t) = f(t, x(t), Kx_t(\theta)) \tag{6.3}$$

其中，$x_t(\theta) = x(t + \theta),\ \theta \in [-\tau, 0),\ \tau = \max_{k \in N} \tau_k$。

这样就可将非线性网络控制系统建模为非线性时滞系统，在此基础上，运用改进的 Razumikhin 方法和时滞系统理论对其进行稳定性分析和控制器的设计。在讨论非线性网络控制系统的稳定性分析和控制器的设计之前，有必要对基于 Razumikhin 方法的线性网络控制系统的时延界进行详细的讨论。

6.3 Razumikhin 方法与线性网络控制系统的时延界

对于时滞系统

$$\dot{x}(t) = f\left(t, x_t(\theta)\right) \tag{6.4}$$

其中，$f: \mathbb{R} \times C\left([-\tau, 0], \mathbb{R}^n\right) \to \mathbb{R}^n$，$x \in \mathbb{R}^n$，$f(t, 0) = 0$。我们可以通过如下的 Razumikhin 方法判断其稳定性。

引理 6.1[141]　假定函数 u, v, w: $\mathbb{R}^+ \to \mathbb{R}^+$ 满足如下条件：

(1) 为连续严格单调递增的；

(2) 当 $s > 0$ 时，$u(s), v(s)$ 和 $w(s)$ 均大于零；

(3) $u(0) = v(0) = 0$；

如果存在连续函数 $V: [t_0 - r, \infty) \times \mathbb{R}^n \to \mathbb{R}^+$ 使得

$$u\left(\|x\|\right) \leqslant V(t,x) \leqslant v\left(\|x\|\right), \quad t \in \left[t_0 - r, \infty\right), x \in \mathbb{R}^n$$

且有正数 $q > 1$ 使得当

$$\left\|x(t+\theta)\right\| \leqslant q\left\|x(t)\right\|, \quad \theta \in [-r, 0), t \geqslant t_0$$

对任意的 $t_0 \in \left[t_0, \infty\right)$，有

$$\dot{V}(t,x) \leqslant -w\left(\|x\|\right)$$

那么，系统(6.4)的零解是一致渐近稳定的。

引理 6.1 的证明可参考文献[141]，这里从略。

接下来，我们将讨论基于 Razumikhin 方法的线性网络控制系统的最大允许时延界问题。考虑线性网络控制系统

$$\begin{aligned} &\dot{x}(t) = Ax(t) + Bu(t), \quad t \in [kh + \tau_k, (k+1)h + \tau_{k+1}) \\ &u(t^+) = Kx(t - \tau_k), \quad t \in \{kh + \tau_k, k = 1, 2, \cdots\} \end{aligned} \tag{6.5}$$

其中，$0 \leqslant \tau_k \leqslant \tau$。

于是，我们得闭环系统为

$$\dot{x}(t) = Ax(t) + BKx(t - \tau_k) \tag{6.6}$$

定理 6.1　假设在不考虑网络的情况下系统(6.6)是渐近稳定的，即

$$\dot{x}(t) = Ax(t) + BKx(t)$$

渐近稳定，如果网络时延 τ 满足

$$\tau \leqslant \frac{\lambda}{\|BKA\| + \|BK\|^2} \tag{6.7}$$

其中，$\lambda = \dfrac{\lambda_{\min}(Q)}{2\lambda_{\max}(P)}$，$P$、$Q$ 为满足 $(A+BK)^{\mathrm{T}}P + P(A+BK) = -Q$ 的正定矩阵。那么，闭环线性网络控制系统(6.6)一致渐近稳定。

证明　由于不考虑网络的情况下系统(6.6)是渐近稳定的，因此，存在正定矩阵 P、Q 使得

$$(A+BK)^{\mathrm{T}}P + P(A+BK) = -Q$$

成立。

选取如下的 Lyapunov 泛函：

$$V(x_t)=x^{\mathrm{T}}(t)Px(t)$$

则

$$\begin{aligned}\dot{V}(x_t)&=x^{\mathrm{T}}(t)P\dot{x}(t)+\dot{x}^{\mathrm{T}}(t)Px(t)\\&=x^{\mathrm{T}}(t)P\left[Ax(t)+BKx(t-\tau_k)\right]+\left[Ax(t)+BKx(t-\tau_k)\right]^{\mathrm{T}}Px(t)\end{aligned}$$

注意到

$$\begin{aligned}x(t-\tau_k)&=x(t)-\int_{-\tau_k}^{0}\dot{x}(t+\eta)\mathrm{d}\eta\\&=x(t)-\int_{-\tau_k}^{0}\left[Ax(t+\eta)+BKx(t-\tau_k+\eta)\right]\mathrm{d}\eta\end{aligned}$$

于是

$$\begin{aligned}\dot{V}(x_t)=&\,x^{\mathrm{T}}(t)P\left[Ax(t)+BKx(t)-BK\int_{-\tau_k}^{0}\left[Ax(t+\eta)+BKx(t-\tau_k+\eta)\right]\mathrm{d}\eta\right]\\&+\left[Ax(t)+BKx(t)-BK\int_{-\tau_k}^{0}\left[Ax(t+\eta)+BKx(t-\tau_k+\eta)\right]\mathrm{d}\eta\right]^{\mathrm{T}}Px(t)\\=&\,x^{\mathrm{T}}(t)\left((A+BK)^{\mathrm{T}}P+P(A+BK)\right)x(t)\\&-2x^{\mathrm{T}}(t)P\int_{-\tau_k}^{0}BK\left[Ax(t+\eta)+BKx(t-\tau_k+\eta)\right]\mathrm{d}\eta\end{aligned}$$

由于

$$\|x(t+\theta)\|<q\|x(t)\|,\quad \theta\in[-\tau,0)$$

因此

$$\begin{aligned}\dot{V}(x_t)&<-x^{\mathrm{T}}(t)Qx(t)+2qx^{\mathrm{T}}(t)P\int_{-\tau_k}^{0}\left(\|BKA\|+\|BK\|^2\right)x(t)\mathrm{d}\eta\\&=-x^{\mathrm{T}}(t)Qx(t)+2q\tau_k x^{\mathrm{T}}(t)P\left(\|BKA\|+\|BK\|^2\right)x(t)\\&\leqslant-\left[\lambda_{\min}(Q)-2q\tau\lambda_{\max}(P)\left(\|BKA\|+\|BK\|^2\right)\right]\|x(t)\|^2\end{aligned}$$

如果网络时延 τ 满足

$$\tau \leqslant \frac{\lambda}{\|BKA\| + \|BK\|^2}$$

其中

$$\lambda = \frac{\lambda_{\min}(Q)}{2\lambda_{\max}(P)}$$

那么，存在 ξ 使得

$$\lambda_{\min}(Q) - 2q\tau\lambda_{\max}(P)\left(\|BKA\| + \|BK\|^2\right) = \xi > 0$$

于是

$$\dot{V}(x_t) < -2\xi\|x\|^2 < 0$$

因此，闭环非线性网络控制系统(6.6)一致渐近稳定。证毕。

6.4　基于 Razumikhin 方法的非线性网络控制系统的分析与控制

本节主要讨论基于 Razumikhin 方法的非线性网络控制系统的分析与控制，我们有如下的定理。

定理 6.2　对于给定的 $\varepsilon > 0$，如果反馈增益矩阵 K 满足

$$x^{\mathrm{T}}(t)f(t, x(t), Kx(t)) \leqslant -\varepsilon\|x(t)\|^2 \tag{6.8}$$

$$\|K\| \leqslant \sqrt{\frac{\varepsilon}{L^2\tau}} \tag{6.9}$$

那么，闭环非线性网络控制系统(6.3)一致渐近稳定。

证明　当 $t > 2\tau$ 时

$$\begin{aligned}\dot{x} &= f(t,x,Kx)-\left[f(t,x,Kx)-f(t,x,Kx_t)\right]\\ &= f(t,x,Kx)-\int_{t-\tau_k}^{t}\frac{\mathrm{d}}{\mathrm{d}\eta}f(t,x,Kx(\eta))\mathrm{d}\eta\\ &= f(t,x,Kx)-\int_{t-\tau_k}^{t}Df(t,x,Kx(\eta))K\dot{x}(\eta)\mathrm{d}\eta\\ &= f(t,x,Kx)-\int_{t-\tau_k}^{t}Df(t,x,Kx(\eta))Kf(\eta,x(\eta),Kx(\eta-\tau_k))\mathrm{d}\eta\end{aligned}$$

其中

$$Df(t,x,Kx(\eta))=\frac{\partial}{\partial(Kx(\eta))}f(t,x,Kx(\eta))$$

令

$$V(x_t)=x_t^{\mathrm{T}}(0)x_t(0)$$

则

$$\begin{aligned}\dot{V}(x_t) &= 2x^{\mathrm{T}}\dot{x}\\ &= 2x^{\mathrm{T}}f(t,x,Kx)-2\int_{t-\tau_k}^{t}x^{\mathrm{T}}Df(t,x,Kx(\eta))Kf(\eta,x(\eta),Kx(\eta-\tau_k))\mathrm{d}\eta\\ &\leqslant 2x^{\mathrm{T}}f(t,x,Kx)+2L^2\|K\|^2\int_{t-\tau_k}^{t}\left\|x^{\mathrm{T}}x(\eta-\tau_k)\right\|\mathrm{d}\eta\end{aligned}$$

由于

$$\|x(t+\theta)\|<q\|x(t)\|,\quad \theta\in[-\tau,0)$$

因此

$$\begin{aligned}\dot{V}(x_t) &\leqslant 2x^{\mathrm{T}}f(t,x,Kx)+2L^2\|K\|^2\int_{t-\tau_k}^{t}\left\|x^{\mathrm{T}}x(\eta-\tau_k)\right\|\mathrm{d}\eta\\ &= 2x^{\mathrm{T}}f(t,x,Kx)+2L^2\|K\|^2\int_{t-\tau_k}^{t}\|x\|^2\mathrm{d}\eta\\ &= 2x^{\mathrm{T}}f(t,x,Kx)+2\tau_k qL^2\|K\|^2\|x\|^2\\ &\leqslant 2x^{\mathrm{T}}f(t,x,Kx)+2\tau qL^2\|K\|^2\|x\|^2\end{aligned}$$

由不等式(6.8)可知

$$\begin{aligned}\dot{V}(x_t) &< 2x^{\mathrm{T}}f(t,x,Kx)+2\tau qL^2\|K\|^2\|x\|^2\\ &\leqslant -2(\varepsilon-\tau qL^2\|K\|^2)\|x\|^2\end{aligned}$$

由不等式(6.9)可知，存在 μ 使得

$$\varepsilon-\tau qL^2\|K\|^2=\mu>0$$

于是

$$\dot{V}(x_t)<-2\mu\|x\|^2<0$$

因此，闭环非线性网络控制系统(6.3)一致渐近稳定。证毕。

6.5　数值仿真示例

为了验证本章提出的方法的有效性，我们给出两个数值例子。

例 6.1　考虑如下线性网络控制系统：

$$\begin{aligned}\dot{x}(t)&=\begin{bmatrix}0&1\\0&-0.1\end{bmatrix}x(t)+\begin{bmatrix}0\\0.1\end{bmatrix}u(t)\\u(t)&=\begin{bmatrix}-3.75&-11.5\end{bmatrix}x(t-\tau)\end{aligned}\tag{6.10}$$

显然，在不考虑网络时延的情况下，系统(6.10)是渐近稳定的。用文献[41]中的方法得到的最大允许时延界为 $\tau=0.00045$，而用定理 6.1 得到的最大允许时延界为 $\tau=0.4353$，因此，基于 Razumikhin 方法得到的线性网络控制系统的时延界具有较小的保守性。图 6.1 和图 6.2 分别给出 $\tau=0.4$ 和 $\tau=2$ 的仿真，仿真结果表明，$\tau=0.4$ 系统是一致渐近稳定的，$\tau=2$ 系统是不稳定的。

例 6.2　考虑如下非线性网络控制系统：

$$\begin{aligned}\dot{x}(t)&=\left(\sin\left(x(t)\right)+2\right)u(t)\\u(t)&=Kx(t-\tau)\end{aligned}\tag{6.11}$$

显然，$f\left(t,x(t),0\right)=0$，$f\left(t,x(t),u(t)\right)=\left(\sin\left(x(t)\right)+2\right)u(t)$ 满足局部 Lipschiz 条件，Lipschiz 常数为 $L=3$。如果令 $\tau=\varepsilon=0.2$，那么，根据定理 6.2，如果控制增益矩阵 K 满足

$$-\frac{1}{3}\leqslant K\leqslant-\frac{1}{5}\tag{6.12}$$

非线性网络控制系统(6.11)一致渐近稳定。

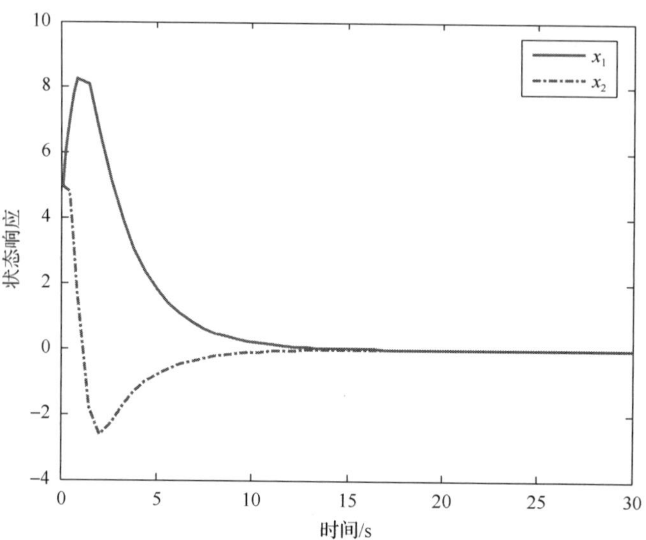

图 6.1　$\tau = 0.4$ 的系统状态响应

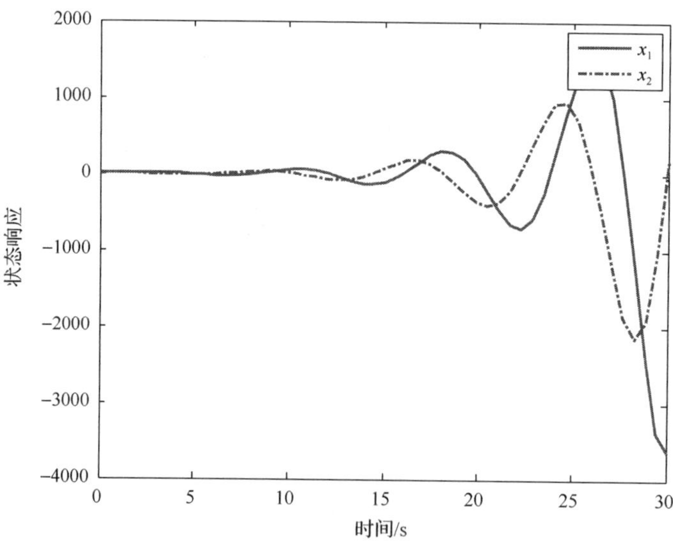

图 6.2　$\tau = 2$ 的系统状态响应

显然 $K = -0.2$ 和 $K = -0.3$ 满足条件(6.12)，从理论上讲，非线性网络控制系统(6.11)是一致渐近稳定的。图 6.3 给出 $K = -0.2$ 和 $K = -0.3$ 系统状态响应，仿真结果表明了非线性网络控制系统(6.11)是一致渐近稳定的。$K = -6$

不满足条件(6.12)。图 6.4 给出 $K=-6$ 系统状态响应，仿真结果表明了非线性网络控制系统(6.11)是不稳定的。因此，理论和仿真结果是一致的。

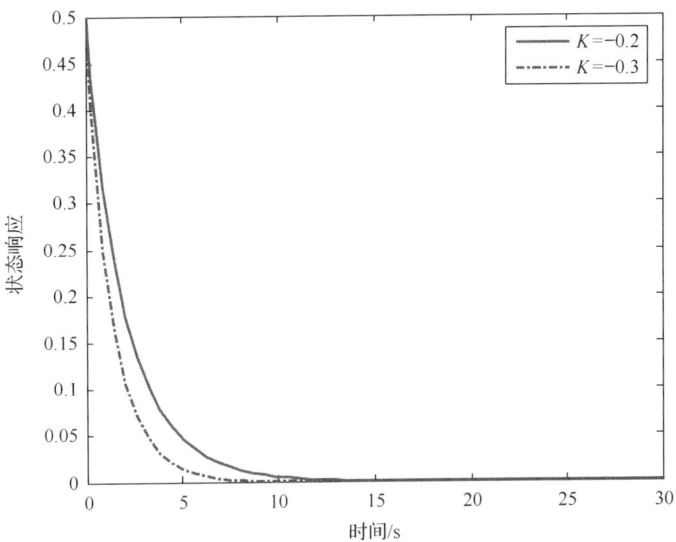

图 6.3　$K=-0.2$ 和 $K=-0.3$ 的系统状态响应

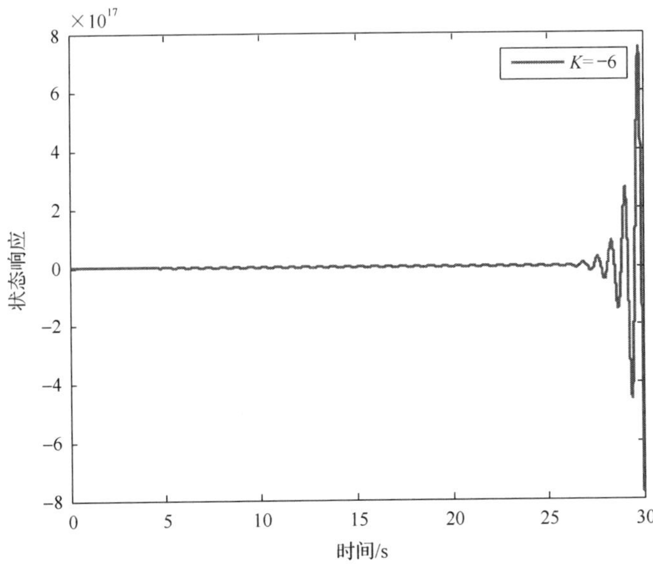

图 6.4　$K=-6$ 的系统状态响应

6.6 小　结

本章主要针对非线性网络控制系统的时延问题，运用 Lyapunov 稳定性理论并结合 Razumikhin 理论，给出其稳定性的判据以及控制器的设计方法。由于该方法能够减小时滞相关结论的保守性，我们也可以把它应用到解决线性网络控制系统的时延问题。仿真结果表明，所得到的最大时延界具有较小的保守性。

第7章　多输入多输出网络控制系统的稳定性分析

7.1　引　　言

与单输入单输出网络控制系统相比，多输入多输出网络控制系统系统本身具有多个传感器节点，会更多地受到网络环境的影响，因此多输入多输出网络控制系统的研究显得更加复杂。众所周知，系统的稳定性是控制理论研究中首要考虑的问题之一，对于多输入多输出网络控制系统的稳定性的研究也取得了一些结果，但是所得到的稳定性条件基于的 Lyapunov 函数没有涉及系统时延各异的状态之间的相关性以及系统参数的不确定，所得条件保守性较强。因此，本章基于 Lyapunov 稳定性理论，运用奇异系统的方法，并结合线性矩阵不等式技巧，给出多输入多输出系统的低保守性的稳定性判据；同时考虑到系统中存在的不确定性，深入研究了系统的鲁棒稳定性，建立了多变量网络控制系统的鲁棒稳定条件；接着进一步讨论时变多输入多输出网络控制系统的稳定性；最后，通过仿真实验验证本章所采用方法的有效性和可行性。

7.2　多输入多输出网络控制系统的基本模型

本节将研究在网络不存在丢包和错序情况下的时不变多输入多输出网络控制系统。其结构如图 7.1 所示。

考虑连续时不变系统 G_p：

$$\begin{aligned} \dot{x}_p(t) &= A_p x_p(t) + B_p u_p(t) \\ y_p(t) &= C_p x_p(t) \end{aligned} \tag{7.1}$$

其中，$x_p(t) \in \mathbb{R}^{n_p}$、$u_p(t) \in \mathbb{R}^m$、$y_p(t) \in \mathbb{R}^r$ 分别是系统的状态变量、输入向量、输出向量，n_p、m、r 是相应的维数，$A_p \in \mathbb{R}^{n_p \times n_p}$、$B_p \in \mathbb{R}^{n_p \times m}$、$C_p \in \mathbb{R}^{r \times n_p}$ 是已知的实矩阵。

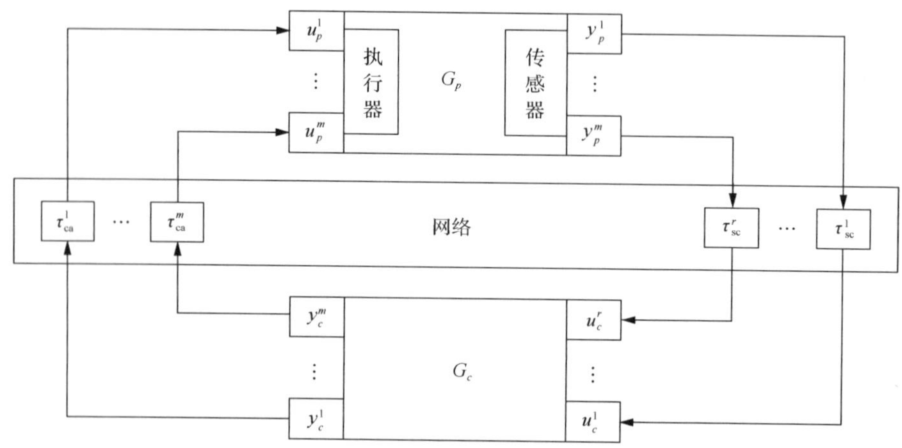

图 7.1　多输入多输出网络控制系统的组织结构

连续时不变控制器系统 G_c：

$$\begin{aligned}\dot{x}_c(t) &= A_c x_c(t) + B_c u_c(t)\\ y_c(t) &= C_c x_c(t) + D_c u_c(t-\tau_c)\end{aligned} \tag{7.2}$$

其中，$x_c(t)\in\mathbb{R}^{n_c}$、$u_c(t)\in\mathbb{R}^r$、$y_c(t)\in\mathbb{R}^m$ 分别是系统的状态变量、输入向量、输出向量，n_c、m、r 是相应的维数，$A_c\in\mathbb{R}^{n_c\times n_c}$、$B_c\in\mathbb{R}^{n_c\times r}$、$C_p\in\mathbb{R}^{m\times n_c}$、$D_p\in\mathbb{R}^{m\times r}$ 是已知的实矩阵，τ 为控制器计算时延，并且满足 $0\leqslant\tau_c\leqslant\tau_{c,\max}$。

$$\begin{aligned}u_c^j(t) &= y_p^j(t-\tau_{sc}^j),\quad j=1,2,\cdots,r\\ u_p^i(t) &= y_c^i(t-\tau_{ca}^i),\quad i=1,2,\cdots,m\end{aligned} \tag{7.3}$$

其中，$0\leqslant\tau_{\text{sc}}^j\leqslant\tau_{\text{sc,max}}^j, 0\leqslant\tau_{\text{ca}}^i\leqslant\tau_{\text{ca,max}}^i$，$\tau_{\text{sc}}^j,\tau_{\text{ca}}^i$ 分别表示传感器到控制器的延时和控制器到执行器的延时。

我们把 $u_p(t)$、$u_c(t)$、C_p、C_c、D_c 写成向量的形式

$$u_c(t)=\begin{bmatrix} y_p^1(t-\tau_{\text{sc}}^1)\\ y_p^2(t-\tau_{\text{sc}}^2)\\ \vdots\\ y_p^r(t-\tau_{\text{sc}}^r)\end{bmatrix}\quad u_p(t)=\begin{bmatrix} y_c^1(t-\tau_{\text{ca}}^1)\\ y_c^2(t-\tau_{\text{ca}}^2)\\ \vdots\\ y_c^m(t-\tau_{\text{ca}}^m)\end{bmatrix}\quad C_p=\begin{bmatrix} C_p^1\\ C_p^2\\ \vdots\\ C_p^r\end{bmatrix}\quad C_c=\begin{bmatrix} C_c^1\\ C_c^2\\ \vdots\\ C_c^m\end{bmatrix}\quad D_c=\begin{bmatrix} D_c^1\\ D_c^2\\ \vdots\\ D_c^m\end{bmatrix}$$

于是

$$
\begin{aligned}
u_c(t) &= E_1 x_p(t-\tau_{\mathrm{sc}}^1) + E_2 x_p(t-\tau_{\mathrm{sc}}^2) + \cdots + E_r x_p(t-\tau_{\mathrm{sc}}^r) = \sum_{j=1}^{r} E_j x_p(t-\tau_{\mathrm{sc}}^j) \\
u_p(t) &= \sum_{i=1}^{m} F_i x_c(t-\tau_{\mathrm{ca}}^i-\tau_c) + \sum_{i=1}^{m}\sum_{j=1}^{r} G_{ij} x_p(t-\tau_{\mathrm{ca}}^i-\tau_{\mathrm{sc}}^j-\tau_c)
\end{aligned}
\tag{7.4}
$$

其中，$E_j \in \mathbb{R}^{r\times n_p}$ 的第 j 行是 C_p^j，其他行均为零向量，$F_j \in \mathbb{R}^{m\times n_c}$ 的第 i 行是 C_c^i，其他行均为零向量，$G_{ij} \in \mathbb{R}^{m\times n_p}$ 的第 i 行是 $D_c^i E_j$，其他行均为零向量。

定义 $x(t)=\begin{bmatrix} x_p^{\mathrm{T}}(t) & x_c^{\mathrm{T}}(t)\end{bmatrix}^{\mathrm{T}} \in \mathbb{R}^{n_p+n_c}$，则由式(7.1)～式(7.4)可得多输入多输出网络控制系统为

$$
\dot{x}(t) = Ax(t) + \sum_{j=1}^{r} A_j x(t-\tau_1^j) + \sum_{i=1}^{m} B_i x(t-\tau_2^i) + \sum_{i=1}^{m}\sum_{j=1}^{r} C_{ij} x(t-\tau_3^{ij}) \tag{7.5}
$$

其中

$$
A(t)=\begin{bmatrix} A_p & 0 \\ 0 & A_c \end{bmatrix},\quad A_j(t)=\begin{bmatrix} 0 & 0 \\ B_c E_j & 0 \end{bmatrix}
$$

$$
B_i(t)=\begin{bmatrix} 0 & B_p F_i \\ 0 & 0 \end{bmatrix},\quad C_{ij}(t)=\begin{bmatrix} B_p G_{ij} & 0 \\ 0 & 0 \end{bmatrix}
$$

$$
\begin{aligned}
& 0 \leqslant \tau_1^j = \tau_{\mathrm{sc}}^j \leqslant \tau_{\mathrm{sc,max}}^j = \tau_{1,\max}^j \\
& 0 \leqslant \tau_2^i = \tau_{\mathrm{ca}}^i + \tau_c \leqslant \tau_{\mathrm{ca,max}}^i + \tau_{c,\max} = \tau_{2,\max}^i \\
& 0 \leqslant \tau_3^{ij} = \tau_{\mathrm{sc}}^j + \tau_{\mathrm{ca}}^i + \tau_c \leqslant \tau_{\mathrm{sc,max}}^j + \tau_{\mathrm{ca,max}}^i + \tau_{c,\max} = \tau_{3,\max}^{ij}
\end{aligned}
$$

假设

$$
\begin{aligned}
& A_{r+i} = B_i,\quad A_{m+ir+j} = C_{ij} \\
& \tau_j = \tau_1^j,\quad \tau_{r+i} = \tau_2^i,\quad \tau_{m+ir+j} = \tau_3^{ij} \\
& N = m + r + mr,\quad i = 1,\cdots,m,\quad j = 1,\cdots,r
\end{aligned}
\tag{7.6}
$$

由式(7.5)、式(7.6)知多输入多输出网络控制系统可写为

$$\begin{aligned}&\dot{x}(t)=Ax(t)+\sum_{j=1}^{N}A_jx(t-\tau_j),\quad t>0\\&x(t)=\phi(t),\quad t\in[-\tau,0]\end{aligned}\tag{7.7}$$

其中，$\phi(t)\in C\left(\left[-\tau,0\right],\mathbb{R}^n\right)$。

由于外部噪声、各种不确定性、慢变参数的影响，精确的数学模型是不可能得到的，因此我们还考虑一种具有结构不确定的多输入多输出网络控制系统

$$\begin{aligned}&\dot{x}(t)=\left(A+\Delta A(x,t)\right)x(t)+\sum_{j=1}^{N}\left(A_j+\Delta A_j(x,t)\right)x(t-\tau_j),\quad t>0\\&x(t)=\phi(t),\quad t\in[-\tau,0]\end{aligned}\tag{7.8}$$

于是将多包传输网络控制系统建模为多时滞系统(7.7)、(7.8)，在此基础上，采用奇异系统方法分析多包传输网络控制系统的稳定性，得出保证网络控制系统渐近稳定的充分条件。该稳定性条件具有较小的保守性。

引理 7.1[142] 对于任意的常对称矩阵 $M\in\mathbb{R}^{n\times n}$，$M>0$，标量 $h>0$ 和向量函数 $\dot{x}(\cdot)\in C\left(\left[-h,0\right],\mathbb{R}^n\right)$ 使得下式中的积分有意义，那么

$$\left(\int_0^h\dot{x}(s)\mathrm{d}s\right)^{\mathrm{T}}M\left(\int_0^h\dot{x}(s)\mathrm{d}s\right)\leqslant h\int_0^h\dot{x}^{\mathrm{T}}(s)M\dot{x}(s)\mathrm{d}s$$

引理 7.2[143] 对于给定适当维数的矩阵 $Q=Q^{\mathrm{T}},H,E$ 和 $R=R^{\mathrm{T}}>0$，如果 F 满足 $FF^{\mathrm{T}}\leqslant R$，那么

$$Q+HFE+E^{\mathrm{T}}F^{\mathrm{T}}H^{\mathrm{T}}<0$$

的充要条件为存在 $\varepsilon>0$ 使得

$$Q+\varepsilon HH^{\mathrm{T}}+\varepsilon^{-1}E^{\mathrm{T}}RE<0$$

引理 7.3[138] 如果 $S\in\mathbb{R}^{n\times n}$ 为对称正定矩阵，那么对任意的矩阵 $Q\in\mathbb{R}^{n\times n}$ 有

$$2\langle Qy,x\rangle-\langle Sy,y\rangle\leqslant\left\langle QS^{-1}Q^{\mathrm{T}}x,x\right\rangle,\quad\forall x,y\in\mathbb{R}^n$$

引理 7.1 的证明参考文献[142]，引理 7.2 的证明参考文献[143]，引理 7.3 的证明参考文献[138]，这里从略。

7.3　基于奇异系统方法的多输入多输出网络控制系统的稳定性分析

基于上节的多包传输网络控制系统的模型，本节分别针对标称系统(7.7)和不确定系统(7.8)，运用奇异系统方法分析多包传输网络控制系统的稳定性，得出保证网络控制系统渐近稳定的充分条件。

7.3.1　标称系统的稳定性分析

为了提高多输入多输出网络控制系统的最大时延界，我们把 A_j 分成两部分

$$A_j = A_{j1} + A_{j2}, \quad j = 1,2,\cdots,N$$

其中，$A_{j1}, A_{j2} (j = 1,2,\cdots,N)$ 为常数矩阵。

假设 7.1[121]　假定 A_{j1} 满足下列条件：

$$\sum_{j=1}^{N} \tau_j \left\| A_{j1} \right\| < 1 \tag{7.9}$$

定理 7.1　假设 7.1 成立，如果存在矩阵 $P = P^{\mathrm{T}} > 0$，$Q_j = Q_j^{\mathrm{T}} > 0$，$M_j = M_j^{\mathrm{T}} > 0\ (j = 1,2,\cdots,N)$，$S_1$ 和 S_2 使得下列矩阵不等式：

$$\begin{bmatrix} \Phi_{11} & \Phi_{12} & S_1^{\mathrm{T}} \tilde{A}_2 & -S_1^{\mathrm{T}} \tilde{A}_1 \\ * & \Phi_{22} & S_2^{\mathrm{T}} \tilde{A}_2 & -S_2^{\mathrm{T}} \tilde{A}_1 \\ * & * & -\tilde{Q} & 0 \\ * & * & * & -\tilde{M} \end{bmatrix} < 0 \tag{7.10}$$

成立，其中

$$\Phi_{11}=S_1^{\mathrm{T}}\left(A+\sum_{j=1}^{N}A_{j1}\right)+\left(A+\sum_{j=1}^{N}A_{j1}\right)^{\mathrm{T}}S_1+\sum_{j=1}^{N}Q_j$$

$$\Phi_{12}=P-S_1^{\mathrm{T}}+\left(A+\sum_{j=1}^{N}A_{j1}\right)^{\mathrm{T}}S_2$$

$$\Phi_{22}=-S_2^{\mathrm{T}}-S_2+\sum_{j=1}^{N}\tau^2M_j$$

$$\tilde{A}_1=\begin{bmatrix}A_{11} & A_{21} & \cdots & A_{N1}\end{bmatrix}$$
$$\tilde{A}_2=\begin{bmatrix}A_{12} & A_{22} & \cdots & A_{N2}\end{bmatrix}$$

$$\tilde{Q}=\mathrm{diag}(Q_1 \quad Q_2 \quad \cdots \quad Q_N)$$
$$\tilde{M}=\mathrm{diag}(M_1 \quad M_2 \quad \cdots \quad M_N)$$

那么，多输入多输出网络控制系统(7.7)对所有的$\tau_j\in[0,\tau]$是渐近稳定的。

证明 由牛顿-莱布尼兹公式知

$$x(t-h)=x(t)-\int_{t-h}^{t}\dot{x}(s)\mathrm{d}s \tag{7.11}$$

由等式(7.11)并结合等式(7.8)，系统(7.7)可转化为

$$\dot{x}(t)=\left(A+\sum_{j=1}^{N}A_{j1}\right)x(t)+\sum_{j=1}^{N}A_{j1}\int_{t-\tau_j}^{t}\dot{x}(s)\mathrm{d}s+\sum_{j=1}^{N}A_{j2}x(t-\tau_j) \tag{7.12}$$

由描述子模型转换方法，(7.12)可等价的转换为

$$\begin{cases}\dot{x}(t)=y(t)\\ 0=-y(t)-\sum_{j=1}^{N}A_{j1}\int_{t-\tau_j}^{t}y(s)\mathrm{d}s+\left(A+\sum_{j=1}^{N}A_{j1}\right)x(t)+\sum_{j=1}^{N}A_{j2}x(t-\tau_j)\end{cases} \tag{7.13}$$

根据 Lyapunov 稳定性理论，选取如下的 Lyapunov 泛函：

$$V(t)=V_1(t)+V_2(t)+V_3(t) \tag{7.14}$$

其中

$$V_1(t)=x^{\mathrm{T}}(t)Px(t)=\begin{bmatrix}x^{\mathrm{T}}(t) & y^{\mathrm{T}}(t)\end{bmatrix}\begin{bmatrix}I & 0\\ 0 & 0\end{bmatrix}\begin{bmatrix}P & 0\\ S_1 & S_2\end{bmatrix}\begin{bmatrix}x(t)\\ y(t)\end{bmatrix}$$

$$V_2(t)=\sum_{j=1}^{N}\int_{t-\tau_j}^{t}x^{\mathrm{T}}(s)Q_jx(s)\mathrm{d}s$$

$$V_3(t)=\sum_{j=1}^{N}\tau_j\int_{t-\tau_j}^{t}\int_{\xi}^{t}y^{\mathrm{T}}(s)M_jy(s)\mathrm{d}s\mathrm{d}\xi$$

首先

$$\begin{aligned}\dot{V}_1(t)=&x^{\mathrm{T}}(t)\left(S_1^{\mathrm{T}}\left(A+\sum_{j=1}^{N}A_{j1}\right)+\left(A+\sum_{j=1}^{N}A_{j1}\right)^{\mathrm{T}}S_1\right)x(t)\\&+2x^{\mathrm{T}}(t)\left(P-S_1^{\mathrm{T}}+\left(A+\sum_{j=1}^{N}A_{j1}\right)^{\mathrm{T}}S_2\right)y(t)+2x^{\mathrm{T}}(t)S_1^{\mathrm{T}}\sum_{j=1}^{N}A_{j2}x(t-\tau_j)\\&-2x^{\mathrm{T}}(t)S_1^{\mathrm{T}}\sum_{j=1}^{N}A_{j1}\int_{t-\tau_j}^{t}y(s)\mathrm{d}s+y^{\mathrm{T}}(t)\left(-S_2^{\mathrm{T}}-S_2\right)y(t)\\&+2y^{\mathrm{T}}(t)S_2^{\mathrm{T}}\sum_{j=1}^{N}A_{j2}x(t-\tau_j)-2y^{\mathrm{T}}(t)S_2^{\mathrm{T}}\sum_{j=1}^{N}A_{j1}\int_{t-\tau_j}^{t}y(s)\mathrm{d}s\end{aligned}$$

其次

$$\dot{V}_2(t)=x^{\mathrm{T}}(t)\left(\sum_{j=1}^{N}Q_j\right)x(t)-\sum_{j=1}^{N}x^{\mathrm{T}}(t-\tau_j)Q_jx(t-\tau_j)$$

再次

$$\dot{V}_3(t)=\sum_{j=1}^{N}y^{\mathrm{T}}(t)\tau_j^2M_jy(t)-\sum_{j=1}^{N}\int_{t-\tau_j}^{t}y^{\mathrm{T}}(s)\tau_jM_jy(s)\mathrm{d}s$$

由引理 7.1 知

$$\dot{V}_3(t)\leqslant y^{\mathrm{T}}(t)\left(\sum_{j=1}^{N}\tau^2M_j\right)y(t)-\sum_{j=1}^{N}\left(\int_{t-\tau_j}^{t}y(s)\mathrm{d}s\right)^{\mathrm{T}}M_j\left(\int_{t-\tau_j}^{t}y(s)\mathrm{d}s\right)$$

定义

$$\chi(t)=\begin{bmatrix} x^{\mathrm{T}}(t) & y^{\mathrm{T}}(t) & \zeta_1^{\mathrm{T}} & \zeta_2^{\mathrm{T}} \end{bmatrix}^{\mathrm{T}}$$

其中

$$\zeta_1(t)=\begin{bmatrix} x^{\mathrm{T}}(t-\tau_1) & x^{\mathrm{T}}(t-\tau_2) & \cdots & x^{\mathrm{T}}(t-\tau_N) \end{bmatrix}^{\mathrm{T}}$$

$$\zeta_2(t)=\left[\left(\int_{t-\tau_1}^{t} y(s)\mathrm{d}s\right)^{\mathrm{T}} \quad \left(\int_{t-\tau_2}^{t} y(s)\mathrm{d}s\right)^{\mathrm{T}} \quad \cdots \quad \left(\int_{t-\tau_N}^{t} y(s)\mathrm{d}s\right)^{\mathrm{T}}\right]^{\mathrm{T}}$$

于是

$$\dot{V}(t)\leqslant \chi^{\mathrm{T}}(t)\varOmega\chi(t) \tag{7.15}$$

其中

$$\varOmega=\begin{bmatrix} \varPhi_{11} & \varPhi_{12} & S_1^{\mathrm{T}}\tilde{A}_2 & -S_1^{\mathrm{T}}\tilde{A}_1 \\ * & \varPhi_{22} & S_2^{\mathrm{T}}\tilde{A}_2 & -S_2^{\mathrm{T}}\tilde{A}_1 \\ * & * & -\tilde{Q} & 0 \\ * & * & * & -\tilde{M} \end{bmatrix} \tag{7.16}$$

由不等式(7.10)知，对任意的 $\chi(t)\neq 0$，有

$$\dot{V}(t)\leqslant \chi^{\mathrm{T}}(t)\varOmega\chi(t)<0$$

因此，多输入多输出网络控制系统(7.7)对所有的 $\tau_j\in[0,\tau]$ 是渐近稳定的。证毕。

7.3.2 不确定系统的稳定性分析

假设 7.2 假定时变矩阵 $\Delta A(x,t)$ 和 $\Delta A_j(x,t)$ 满足

$$\begin{bmatrix}\Delta A(x,t) & \Delta A_1(x,t) & \Delta A_2(x,t) & \cdots & \Delta A_N(x,t)\end{bmatrix}=DF(t)\begin{bmatrix}E_a & E_{a1} & E_{a2} & \cdots & E_{aN}\end{bmatrix} \tag{7.17}$$

其中，$D, E_a, E_{a1},\cdots,E_{aN}$ 为适当维数的已知实矩阵，$F(t)$ 为未知的时变矩阵，并且满足

$$F^{\mathrm{T}}(t)F(t) \leqslant I$$

定理 7.2　假设 7.1 和假设 7.2 成立，如果存在矩阵 $\tilde{P}=\tilde{P}^{\mathrm{T}}>0$，$\tilde{Q}_j=\tilde{Q}_j^{\mathrm{T}}>0$，$\tilde{M}_j=\tilde{M}_j^{\mathrm{T}}>0\ (j=1,2,\cdots,N)$，$\tilde{S}_1$、$\tilde{S}_2$ 和标量 $\varepsilon>0$ 使得下列矩阵不等式：

$$\begin{bmatrix} \tilde{\Phi}_{11} & \tilde{\Phi}_{12} & \tilde{S}_1^{\mathrm{T}}\tilde{A}_2 & -\tilde{S}_1^{\mathrm{T}}\tilde{A}_1 & \tilde{S}_1^{\mathrm{T}}D & E_a^{\mathrm{T}} \\ * & \tilde{\Phi}_{22} & \tilde{S}_2^{\mathrm{T}}\tilde{A}_2 & -\tilde{S}_2^{\mathrm{T}}\tilde{A}_1 & \tilde{S}_2^{\mathrm{T}}D & 0 \\ * & * & -\tilde{Q}^* & 0 & 0 & \tilde{E}_{aj}^{\mathrm{T}} \\ * & * & * & -\tilde{M}^* & 0 & 0 \\ * & * & * & * & -I & 0 \\ * & * & * & * & * & -I \end{bmatrix} < 0 \tag{7.18}$$

成立。其中

$$\tilde{\Phi}_{11}=\tilde{S}_1^{\mathrm{T}}\left(A+\sum_{j=1}^{N}A_{j1}\right)+\left(A+\sum_{j=1}^{N}A_{j1}\right)^{\mathrm{T}}\tilde{S}_1+\sum_{j=1}^{N}\varepsilon Q_j$$

$$\tilde{\Phi}_{12}=\tilde{P}-\tilde{S}_1^{\mathrm{T}}+\left(A+\sum_{j=1}^{N}A_{j1}\right)^{\mathrm{T}}\tilde{S}_2$$

$$\tilde{\Phi}_{22}=-\tilde{S}_2^{\mathrm{T}}-\tilde{S}_2+\sum_{j=1}^{N}\tau^2\varepsilon M_j$$

$$\tilde{Q}^*=\varepsilon\mathrm{diag}(Q_1\quad Q_2\quad \cdots\quad Q_N)$$

$$\tilde{M}^*=\varepsilon\mathrm{diag}\left(M_1\quad M_2\quad \cdots\quad M_N\right)$$

$$\tilde{S}_1^{\mathrm{T}}=\varepsilon S_1^{\mathrm{T}},\quad \tilde{S}_2^{\mathrm{T}}=\varepsilon S_2^{\mathrm{T}},\quad \tilde{P}=\varepsilon P$$

那么，不确定多输入多输出网络控制系统(7.8)对所有的 $\tau_j\in[0,\tau]$ 是鲁棒稳定的。

证明　由 Schur 补定理，式(7.18)等价于

$$\Omega+\begin{bmatrix} S_1^{\mathrm{T}}D \\ S_2^{\mathrm{T}}D \\ 0 \\ 0 \end{bmatrix} F(t)\begin{bmatrix} E_a & 0 & \tilde{E}_{aj} & 0 \end{bmatrix}+\begin{bmatrix} E_a^{\mathrm{T}} \\ 0 \\ \tilde{E}_{aj}^{\mathrm{T}} \\ 0 \end{bmatrix} F^{\mathrm{T}}(t)\begin{bmatrix} D^{\mathrm{T}}S_1 & D^{\mathrm{T}}S_2 & 0 & 0 \end{bmatrix}<0 \quad (7.19)$$

其中，Ω 由式(7.16)所定义，$\tilde{E}_{aj}=\begin{bmatrix} E_{a1} & E_{a2} & \cdots & E_{aN} \end{bmatrix}$。由引理 7.2，对 $\varepsilon>0$，不等式(7.19)成立的一个充分条件为

$$\varepsilon\Omega+\varepsilon^2\begin{bmatrix} S_1^{\mathrm{T}}D \\ S_2^{\mathrm{T}}D \\ 0 \\ 0 \end{bmatrix} F(t)\begin{bmatrix} E_a & 0 & \tilde{E}_{aj} & 0 \end{bmatrix}+\begin{bmatrix} E_a^{\mathrm{T}} \\ 0 \\ \tilde{E}_{aj}^{\mathrm{T}} \\ 0 \end{bmatrix} F^{\mathrm{T}}(t)\begin{bmatrix} D^{\mathrm{T}}S_1 & D^{\mathrm{T}}S_2 & 0 & 0 \end{bmatrix}<0 \quad (7.20)$$

定义

$$\tilde{Q}^*=\varepsilon\mathrm{diag}(Q_1 \quad Q_2 \quad \cdots \quad Q_N),\ \ \tilde{M}^*=\varepsilon\mathrm{diag}(M_1 \quad M_2 \quad \cdots \quad M_N)$$

$$\tilde{S}_1^{\mathrm{T}}=\varepsilon S_1^{\mathrm{T}},\quad \tilde{S}_2^{\mathrm{T}}=\varepsilon S_2^{\mathrm{T}},\quad \tilde{P}=\varepsilon P$$

由 Schur 补定理和不等式(7.20)，我们可以得到不等式(7.18)。证毕。

7.3.3　多输入多输出网络控制系统的最大时延界

问题 7.1　对标称系统(7.7)

$$\max_{P,Q_j,M_j,S_1,S_2} \tau$$

使得下列矩阵不等式：

$$P>0,\ \ Q_j>0,\ \ M_j>0,\ \ j=1,2,\cdots,N$$

$$\begin{bmatrix} \Phi_{11} & \Phi_{12} & S_1^{\mathrm{T}}\tilde{A}_2 & -S_1^{\mathrm{T}}\tilde{A}_1 \\ * & \Phi_{22} & S_2^{\mathrm{T}}\tilde{A}_2 & -S_2^{\mathrm{T}}\tilde{A}_1 \\ * & * & -\tilde{Q} & 0 \\ * & * & * & -\tilde{M} \end{bmatrix}<0$$

成立。

不等式(7.10)等价于

$$\Omega_0 + \tau^2 M_0 < 0$$

其中

$$\Omega_0 = \begin{bmatrix} \Phi_{11} & \Phi_{12} & S_1^{\mathrm{T}} \tilde{A}_2 & -S_1^{\mathrm{T}} \tilde{A}_1 \\ * & -S_2^{\mathrm{T}} - S_2 & S_2^{\mathrm{T}} \tilde{A}_2 & -S_2^{\mathrm{T}} \tilde{A}_1 \\ * & * & -\tilde{Q} & 0 \\ * & * & * & -\tilde{M} \end{bmatrix}$$

$$M_0 = \begin{bmatrix} 0 & 0 & 0 & 0 \\ * & \sum_{j=1}^{N} M_j & 0 & 0 \\ * & * & 0 & 0 \\ * & * & * & 0 \end{bmatrix}$$

因此，问题 7.1 可等价的转化为如下的最优化问题

$$\min_{P,Q_j,M_j,S_1,S_2} \lambda$$

使得下列矩阵不等式：

$$P > 0,\quad Q_j > 0,\quad M_j > 0,\quad j = 1,2,\cdots,N$$

$$M_0 < -\lambda \Omega_0$$

成立。

问题 7.2　对不确定系统(7.8)

$$\max_{\tilde{P},\tilde{Q}_j,\tilde{M}_j,\tilde{S}_1,\tilde{S}_2} \tau$$

使得下列矩阵不等式：

$$\tilde{P} > 0,\quad \tilde{Q}_j > 0,\quad \tilde{M}_j > 0,\quad j = 1,2,\cdots,N$$

$$\begin{bmatrix} \tilde{\Phi}_{11} & \tilde{\Phi}_{12} & \tilde{S}_1^{\mathrm{T}}\tilde{A}_2 & -\tilde{S}_1^{\mathrm{T}}\tilde{A}_1 & \tilde{S}_1^{\mathrm{T}}D & E_a^{\mathrm{T}} \\ * & \tilde{\Phi}_{22} & \tilde{S}_2^{\mathrm{T}}\tilde{A}_2 & -\tilde{S}_2^{\mathrm{T}}\tilde{A}_1 & \tilde{S}_2^{\mathrm{T}}D & 0 \\ * & * & -\tilde{Q}^* & 0 & 0 & \tilde{E}_{aj}^{\mathrm{T}} \\ * & * & * & -\tilde{M}^* & 0 & 0 \\ * & * & * & * & -I & 0 \\ * & * & * & * & * & -I \end{bmatrix} < 0$$

成立。

7.3.4 数值例子

例 7.1 考虑如下的标称系统：

$$\dot{x}(t) = Ax(t) + A_1 x(t-\tau)$$

其中

$$A = \begin{bmatrix} -2 & 0 \\ 1 & -3 \end{bmatrix}, \quad A_1 = \begin{bmatrix} -1.4 & 0 \\ -0.8 & -1.5 \end{bmatrix}$$

首先，将矩阵 A_1 分解为两个部分

$$A_1 = A_{11} + A_{12}$$

其中

$$A_{11} = \begin{bmatrix} -0.09 & 0 \\ 0.02 & 0 \end{bmatrix}, \quad A_{12} = \begin{bmatrix} -1.31 & 0 \\ -0.82 & -1.5 \end{bmatrix}$$

根据定理 7.1，通过求解优化问题 7.1 可知，当时延 τ 满足 $0 \leqslant \tau \leqslant 8.5854$ 时，系统渐近稳定。不难计算

$$\tau_{\max}\|A_{11}\| = 8.5854 \times 0.11 = 0.9444 < 1$$

因此假设 7.1 满足。

例 7.2 考虑如下的不确定系统：

$$\dot{x}(t) = \big(A + \Delta A(x,t)\big)x(t) + \big(A_1 + \Delta A_1(x,t)\big)x(t-\tau)$$

其中

$$A=\begin{bmatrix}-2 & 0\\ 1 & -3\end{bmatrix},\quad A_1=\begin{bmatrix}-1.4 & 0\\ -0.8 & -1.5\end{bmatrix}$$

不确定矩阵

$$\Delta A(x,t)=DF(t)E_a,\quad \Delta A_1(x,t)=DF(t)E_{a1}$$

其中

$$D=\begin{bmatrix}0.2 & 0\\ 0 & 0.2\end{bmatrix},\quad E_a=E_{a1}=\begin{bmatrix}1 & 0\\ 0 & 1\end{bmatrix},\quad F(t)=\begin{bmatrix}\cos t & 0\\ 0 & \sin t\end{bmatrix}$$

首先，将矩阵 A_1 分解为两个部分

$$A_1=A_{11}+A_{12}$$

其中

$$A_{11}=\begin{bmatrix}-0.09 & 0\\ 0.03 & 0\end{bmatrix},\quad A_{12}=\begin{bmatrix}-1.31 & 0\\ -0.83 & -1.5\end{bmatrix}$$

根据定理 7.2，通过求解优化问题 7.2 可知，当时延 τ 满足 $0\leqslant\tau\leqslant 7.7218$ 时，系统渐近稳定。

$$\tau_{\max}\|A_{11}\|=7.7218\times 0.12=0.9266<1$$

因此假设 7.1 满足。表 7.1 给出不同参考文献所得到的最大时延值。

表 7.1　不同参考文献所得到的最大时延值的比较　　（单位：s）

文献[144]	文献[145]	文献[146]	文献[147]	文献[148]	定理 7.2
0.2117	0.3142	0.3025	1.3686	5.6312	7.7218

由表 7.1 不难看出，我们所得到的结果具有更小的保守性。

7.4　时变多输入多输出网络控制系统的稳定性分析

7.4.1　时变多输入多输出网络控制系统的模型

考虑连续时变系统 G_p

$$\begin{aligned}\dot{x}_p(t) &= A_p(t)x_p(t) + B_p(t)u_p(t) \\ y_p(t) &= C_p(t)x_p(t)\end{aligned} \tag{7.21}$$

其中，$x_p(t)\in\mathbb{R}^{n_p}$、$u_p(t)\in\mathbb{R}^m$、$y_p(t)\in\mathbb{R}^r$ 分别是系统的状态变量、输入向量、输出向量，n_p、m、r 是相应的维数，$A_p(t)\in\mathbb{R}^{n_p\times n_p}$、$B_p(t)\in\mathbb{R}^{n_p\times m}$、$C_p(t)\in\mathbb{R}^{r\times n_p}$ 是已知的实矩阵函数。

连续时变控制器系统 G_c

$$\begin{aligned}\dot{x}_c(t) &= A_c(t)x_c(t) + B_c(t)u_c(t) \\ y_c(t) &= C_c(t)x_c(t) + D_c(t)u_c(t-\tau_c)\end{aligned} \tag{7.22}$$

其中，$x_c(t)\in\mathbb{R}^{n_c}$、$u_c(t)\in\mathbb{R}^r$、$y_c(t)\in\mathbb{R}^m$ 分别是系统的状态变量、输入向量、输出向量，n_c、m、r 是相应的维数，$A_c(t)\in\mathbb{R}^{n_c\times n_c}$、$B_c(t)\in\mathbb{R}^{n_c\times r}$、$C_p(t)\in\mathbb{R}^{m\times n_c}$、$D_p(t)\in\mathbb{R}^{m\times r}$ 是已知的实矩阵函数，τ 为控制器计算时延，并且满足 $0\leqslant\tau_c\leqslant\tau_{c,\max}$。

$$\begin{aligned}u_c^j(t) &= y_p^j(t-\tau_{\text{sc}}^j),\quad j=1,2,\cdots,r \\ u_p^i(t) &= y_c^i(t-\tau_{\text{ca}}^i),\quad i=1,2,\cdots,m\end{aligned} \tag{7.23}$$

其中，$0\leqslant\tau_{\text{sc}}^j\leqslant\tau_{\text{sc},\max}^j, 0\leqslant\tau_{\text{ca}}^i\leqslant\tau_{\text{ca},\max}^i$，$\tau_{\text{sc}}^j$、$\tau_{\text{ca}}^i$ 分别表示传感器到控制器的延时和控制器到执行器的延时。

我们把 $u_p(t)$、$u_c(t)$、$C_p(t)$、$C_c(t)$、$D_c(t)$ 写成向量的形式

$$u_c(t)=\begin{bmatrix} y_p^1(t-\tau_{\text{sc}}^1) \\ y_p^2(t-\tau_{\text{sc}}^2) \\ \vdots \\ y_p^r(t-\tau_{\text{sc}}^r)\end{bmatrix},\quad u_p(t)=\begin{bmatrix} y_c^1(t-\tau_{\text{ca}}^1) \\ y_c^2(t-\tau_{\text{ca}}^2) \\ \vdots \\ y_c^m(t-\tau_{\text{ca}}^m)\end{bmatrix},\quad C_p(t)=\begin{bmatrix} C_p^1(t) \\ C_p^2(t) \\ \vdots \\ C_p^r(t)\end{bmatrix},$$

$$C_c(t)=\begin{bmatrix} C_c^1(t) \\ C_c^2(t) \\ \vdots \\ C_c^m(t)\end{bmatrix},\quad D_c(t)=\begin{bmatrix} D_c^1(t) \\ D_c^2(t) \\ \vdots \\ D_c^m(t)\end{bmatrix}$$

于是

$$
\begin{aligned}
u_c(t) &= \sum_{j=1}^{r} E_j(t) x_p(t-\tau_{\mathrm{sc}}^j) \\
u_p(t) &= \sum_{i=1}^{m} F_i(t) x_c(t-\tau_{\mathrm{ca}}^i-\tau_c) + \sum_{i=1}^{m}\sum_{j=1}^{r} G_{ij}(t) x_p(t-\tau_{\mathrm{ca}}^i-\tau_{\mathrm{sc}}^j-\tau_c)
\end{aligned} \tag{7.24}
$$

其中，$E_j(t)\in\mathbb{R}^{r\times n_p}$ 的第 j 行是 $C_p^j(t)$，其他行均为零向量，$F_j(t)\in\mathbb{R}^{m\times n_c}$ 的第 i 行是 $C_c^i(t)$，其他行均为零向量，$G_{ij}(t)\in\mathbb{R}^{m\times n_p}$ 的第 i 行是 $D_c^i(t)E_j(t)$，其他行均为零向量。

定义 $x(t)=\begin{bmatrix} x_p^{\mathrm{T}}(t) & x_c^{\mathrm{T}}(t)\end{bmatrix}^{\mathrm{T}}\in\mathbb{R}^{n_p+n_c}$，则由式(7.21)～式(7.24)可得时变多输入多输出网络控制系统为

$$
\dot{x}(t) = A(t)x(t) + \sum_{j=1}^{r} A_j(t)x(t-\tau_1^j) + \sum_{i=1}^{m} B_i(t)x(t-\tau_2^i) + \sum_{i=1}^{m}\sum_{j=1}^{r} C_{ij}(t)x(t-\tau_3^{ij}) \tag{7.25}
$$

其中

$$
A(t)=\begin{bmatrix} A_p(t) & 0 \\ 0 & A_c(t)\end{bmatrix},\quad A_j(t)=\begin{bmatrix} 0 & 0 \\ B_c(t)E_j(t) & 0\end{bmatrix}
$$

$$
B_i(t)=\begin{bmatrix} 0 & B_p(t)F(t)_i \\ 0 & 0\end{bmatrix},\quad C_{ij}(t)=\begin{bmatrix} B_p(t)G_{ij}(t) & 0 \\ 0 & 0\end{bmatrix}
$$

$$
\begin{aligned}
&0\leqslant \tau_1^j = \tau_{\mathrm{sc}}^j \leqslant \tau_{\mathrm{sc,max}}^j = \tau_{1,\max}^j \\
&0\leqslant \tau_2^i = \tau_{\mathrm{ca}}^i + \tau_c \leqslant \tau_{\mathrm{ca,max}}^i + \tau_{c,\max} = \tau_{2,\max}^i \\
&0\leqslant \tau_3^{ij} = \tau_{\mathrm{sc}}^j + \tau_{\mathrm{ca}}^i + \tau_c \leqslant \tau_{\mathrm{sc,max}}^j + \tau_{\mathrm{ca,max}}^i + \tau_{c,\max} = \tau_{3,\max}^{ij}
\end{aligned}
$$

假设

$$
\begin{aligned}
&A_{r+i}(t)=B_i(t),\quad A_{m+ir+j}(t)=C_{ij}(t) \\
&\tau_j=\tau_1^j,\quad \tau_{r+i}=\tau_2^i,\quad \tau_{m+ir+j}=\tau_3^{ij} \\
&N=m+r+mr,\quad i=1,2,\cdots,m,\quad j=1,2,\cdots,r
\end{aligned} \tag{7.26}
$$

由式(7.25)和式(7.26)，时变多输入多输出网络控制系统可写为

$$\begin{aligned} &\dot{x}(t) = A(t)x(t) + \sum_{j=1}^{N} A_j(t)x(t-\tau_j), \quad t>0 \\ &x(t) = \phi(t), \quad t\in[-\tau,0] \end{aligned} \tag{7.27}$$

其中，$A(t)$、$A_j(t)(j=1,2,\cdots,N)$ 为 $\mathbb{R}^+$ 上的连续函数，$\phi(t)\in C\left([-\tau,0],\mathbb{R}^n\right)$，且 $\|\phi\| = \sup\limits_{t\in[-\tau,0]} \|\phi(t)\|$。

7.4.2 时变多输入多输出网络控制系统的指数稳定性

定义 7.1 对于给定的 $\alpha>0$，如果存在函数 $\xi(\cdot):\mathbb{R}^+\to\mathbb{R}^+$，使得对每一个 $\phi(t)\in C\left([-\tau,0],\mathbb{R}^n\right)$，时变多输入多输出网络控制系统(7.27)的解 $x(t,\phi)$ 满足

$$\|x(t,\phi)\| \leqslant \xi\left(\|\phi\|\right)\mathrm{e}^{-\alpha t}, \quad \forall t\in\mathbb{R}^+$$

那么称时变多输入多输出网络控制系统(7.27)是 α 稳定的。

定理 7.3 如果存在对称矩阵 $P(t)>0$，使得下列条件之一成立：

$$\dot{P}(t) + A_\alpha^{\mathrm{T}}(t)P(t) + P(t)A_\alpha(t) + \sum_{j=1}^{N} P(t)A_{j,\alpha}(t)A_{j,\alpha}^{\mathrm{T}}(t)P(t) + (N+1)I = 0 \tag{7.28}$$

$$\begin{bmatrix} \dot{P}(t)+A_\alpha^{\mathrm{T}}(t)P(t)+P(t)A_\alpha(t)+NI & P(t)A_{1,\alpha}(t) & P(t)A_{2,\alpha}(t) & \cdots & P(t)A_{N,\alpha}(t) \\ * & -I & 0 & \cdots & 0 \\ * & * & -I & \cdots & 0 \\ \vdots & \vdots & \vdots & & \vdots \\ * & * & * & \cdots & -I \end{bmatrix} < 0 \tag{7.29}$$

那么，时变多输入多输出网络控制系统(7.27)是 α 稳定的

证明 令

$$y(t) = \mathrm{e}^{\alpha t}x(t)$$

则系统(7.27)可转化为

$$\begin{aligned}&\dot{y}(t)=A_{\alpha}(t)y(t)+\sum_{j=1}^{N}A_{j,\alpha}(t)y(t-\tau_j),\quad t>0\\&x(t)=\mathrm{e}^{\alpha t}\phi(t),\quad t\in[-\tau,0]\end{aligned}\tag{7.30}$$

选取 Lyapunov 函数

$$V(t,y(t))=\langle P(t)y(t),y(t)\rangle+\sum_{j=1}^{N}\int_{t-\tau_j}^{t}\|y(s)\|^2\mathrm{d}s$$

沿系统(7.30)的解对 $V(t,y(t))$ 关于 t 求导

$$\begin{aligned}\dot{V}(t,y(t))&=\langle\dot{P}(t)y(t),y(t)\rangle+2\langle P(t)\dot{y}(t),y(t)\rangle+N\|y(t)\|^2-\sum_{j=1}^{N}\|y(t-\tau_j)\|^2\\&=\langle\dot{P}(t)y(t),y(t)\rangle+2\langle P(t)A_{\alpha}(t)y(t),y(t)\rangle\\&\quad+2\sum_{j=1}^{N}\langle P(t)A_{j,\alpha}(t)y(t-\tau_j),y(t)\rangle+N\|y(t)\|^2-\sum_{j=1}^{N}\|y(t-\tau_j)\|^2\end{aligned}$$

由式(7.28)可得

$$\begin{aligned}\dot{V}(t,y(t))&=-\sum_{j=1}^{N}\langle P(t)A_{j,\alpha}(t)A_{j,\alpha}^{\mathrm{T}}(t)P(t)y(t),y(t)\rangle-\|y(t)\|^2\\&\quad+2\sum_{j=1}^{N}\langle P(t)A_{j,\alpha}(t)y(t-\tau_j),y(t)\rangle-\sum_{j=1}^{N}\langle y(t-\tau_j),y(t-\tau_j)\rangle\\&=-\|y(t)\|^2+\sum_{j=1}^{N}\Big\{-\langle P(t)A_{j,\alpha}(t)A_{j,\alpha}^{\mathrm{T}}(t)P(t)y(t),y(t)\rangle\\&\quad+2\langle P(t)A_{j,\alpha}(t)y(t-\tau_j),y(t)\rangle-\langle y(t-\tau_j),y(t-\tau_j)\rangle\Big\}\end{aligned}$$

由引理 7.3 可知

$$\dot{V}(t,y(t))\leqslant-\|y(t)\|^2,\quad\forall t\in\mathbb{R}^+\tag{7.31}$$

对不等式(7.31)两端积分得

$$V(t,y(t))-V(0,y(0))\leqslant-\int_0^t\|y(s)\|^2\mathrm{d}s,\quad\forall t\in\mathbb{R}^+$$

因此

$$\int_0^t \|y(s)\|^2 \mathrm{d}s \leqslant \langle P(0)y(0), y(0)\rangle + \sum_{j=1}^{N}\int_{-\tau_j}^{t} \|y(s)\|^2 \mathrm{d}s$$

又因为

$$\int_{-\tau_j}^{t} \|y(s)\|^2 \mathrm{d}s \leqslant \|\phi\| \int_{-\tau_j}^{t} \mathrm{e}^{\alpha s} \mathrm{d}s = \frac{1}{\alpha}(1-\mathrm{e}^{-\alpha\tau_j})\|\phi\|$$

所以

$$\int_0^t \|y(s)\|^2 \mathrm{d}s \leqslant \langle P(0)y(0), y(0)\rangle + \frac{1}{\alpha}\sum_{j=1}^{N}(1-\mathrm{e}^{-\alpha\tau_j})\|\phi\|$$

因此，存在函数 $\xi_1(\cdot):\mathbb{R}^+ \to \mathbb{R}^+$ ，使得

$$\|y(t,\phi)\| \leqslant \xi_1(\|\phi\|), \quad \forall t \in \mathbb{R}^+$$

于是

$$\|x(t,\phi)\| \leqslant \xi_1(\|\phi\|)\mathrm{e}^{-\alpha t}, \quad \forall t \in \mathbb{R}^+$$

由定义 7.1 知，时变多输入多输出网络控制系统(7.27)是 α 稳定的。

另外，我们有

$$\begin{aligned}
\dot{V}(t, y(t)) &= \langle \dot{P}(t)y(t), y(t)\rangle + 2\langle P(t)A_\alpha(t)y(t), y(t)\rangle \\
&\quad + 2\sum_{j=1}^{N}\langle P(t)A_{j,\alpha}(t)y(t-\tau_j), y(t)\rangle + N\|y(t)\|^2 - \sum_{j=1}^{N}\|y(t-\tau_j)\|^2 \\
&= z^{\mathrm{T}}(t)\begin{bmatrix} \dot{P} + A_\alpha^{\mathrm{T}}P + PA_\alpha + NI & PA_{1,\alpha} & PA_{2,\alpha} & \cdots & PA_{N,\alpha} \\ * & -I & 0 & \cdots & 0 \\ * & * & -I & \cdots & 0 \\ \vdots & \vdots & \vdots & & \vdots \\ * & * & * & \cdots & -I \end{bmatrix} z(t)
\end{aligned}$$

其中

$$z(t) = \begin{bmatrix} y(t) & y(t-\tau_1) & \cdots & y(t-\tau_N) \end{bmatrix}$$

如果条件(7.29)成立，则存在$\varepsilon>0$使得

$$\dot{V}(t, y(t)) \leqslant -\varepsilon \|z(t)\|^2, \quad \forall t \in \mathbb{R}^+$$

因为

$$\|y(t)\| \leqslant \|z(t)\|$$

所以

$$\dot{V}(t, y(t)) \leqslant -\varepsilon \|y(t)\|^2, \quad \forall t \in \mathbb{R}^+ \tag{7.32}$$

对不等式(7.32)积分得

$$\int_0^t \|y(s)\|^2 \mathrm{d}s \leqslant \frac{1}{\varepsilon}\left[\langle P(0)y(0), y(0)\rangle + \frac{1}{\alpha}\sum_{j=1}^{N}(1-\mathrm{e}^{-\alpha\tau_j})\|\phi\|\right]$$

因此，存在函数$\xi_2(\cdot):\mathbb{R}^+\to\mathbb{R}^+$，使得

$$\|y(t,\phi)\| \leqslant \xi_2(\|\phi\|), \quad \forall t \in \mathbb{R}^+$$

于是

$$\|x(t,\phi)\| \leqslant \xi_2(\|\phi\|)\mathrm{e}^{-\alpha t}, \quad \forall t \in \mathbb{R}^+$$

由定义 7.1 知时变多输入多输出网络控制系统(7.27)是α稳定的。证毕。

对于时不变多输入多输出网络控制系统(7.7)，我们有如下的α稳定定理。

定理 7.4　如果存在对称矩阵$P>0$，使得下列条件之一成立：

$$\dot{P} + A_\alpha^{\mathrm{T}}P + PA_\alpha + \sum_{j=1}^{N} PA_{j,\alpha}A_{j,\alpha}^{\mathrm{T}}P + (N+1)I = 0 \tag{7.33}$$

$$\begin{bmatrix} \dot{P} + A_\alpha^{\mathrm{T}}P + PA_\alpha + NI & PA_{1,\alpha} & PA_{2,\alpha} & \cdots & PA_{N,\alpha} \\ * & -I & 0 & \cdots & 0 \\ * & * & -I & \cdots & 0 \\ \vdots & \vdots & \vdots & & \vdots \\ * & * & * & \cdots & -I \end{bmatrix} < 0 \tag{7.34}$$

那么，时不变多输入多输出网络控制系统(7.7)是α稳定的。

定理 7.4 为定理 7.3 的推论，因此定理 7.4 证明从略。

7.4.3 数值例子

例 7.3 取$N=1, \alpha=1, \tau=2$，则时变多输入多输出网络控制系统(7.27)转化为

$$\dot{x}(t)=A(t)x(t)+A_1(t)x(t-\tau)$$

其中

$$A(t)=\begin{bmatrix}1.9-0.5\mathrm{e}^{-5.8t}-\mathrm{e}^{5.8t} & 1\\ -\mathrm{e}^{-5.8t} & -0.5\mathrm{e}^{-t}-2\end{bmatrix},\quad A_1(t)=\begin{bmatrix}\mathrm{e}^{-2} & 0\\ 0 & \mathrm{e}^{-2-0.5t}\end{bmatrix}$$

由于

$$\lambda\left(A(0)\right)>0$$

所以$A(t)$是不稳定的。

一方面，

$$\begin{aligned}\eta\left(A(0)+A_1(0)\right)&=\frac{1}{2}\lambda_{\max}\left[\left(A(0)+A_1(0)\right)+\left(A(0)+A_1(0)\right)^{\mathrm{T}}\right]\\&=\frac{1}{2}\lambda_{\max}\begin{bmatrix}0.8+2\mathrm{e}^{-2} & 0\\ 0 & -5+2\mathrm{e}^{-2}\end{bmatrix}\\&=0.4+\mathrm{e}^{-2}>0\end{aligned}$$

另一方面，

$$A_\alpha(t)=\begin{bmatrix}2.9-0.5\mathrm{e}^{-5.8t}-\mathrm{e}^{5.8t} & 1\\ -\mathrm{e}^{-5.8t} & -0.5\mathrm{e}^{-t}-1\end{bmatrix},\quad A_{1,\alpha}(t)=\begin{bmatrix}1 & 0\\ 0 & \mathrm{e}^{-0.5t}\end{bmatrix}$$

由 Schur 补方法得 Riccati 微分方程的解

$$P(t)=\begin{bmatrix}\mathrm{e}^{-5.8t} & 0\\ 0 & 1\end{bmatrix}$$

由定理 7.3，系统是 1 稳定的。

7.5 小　结

本章基于 Lyapunov 稳定性理论，运用奇异系统的方法，并结合线性矩阵不等式技巧，给出多输入多输出系统的低保守性的稳定性判据。同时考虑到系统中存在的不确定性，深入研究了系统的鲁棒稳定性，建立了多变量网络控制系统的鲁棒稳定条件；接着进一步讨论时变多输入多输出网络控制系统的稳定性；最后，数值例子验证本章所采用方法的有效性和可行性。

第 8 章　网络环境下 Furuta 摆的镇定控制仿真和实验

8.1　应用背景与技术需求

目前，关于网络化控制系统的实际应用也有一些相关的研究进展，但大多数都是基于 CAN、Ethernet 等现场总线的网络化控制系统[149]；而对于基于 Internet 的网络控制系统而言，由于网络环境复杂，延时存在严重的跳变时延，难以满足系统的实时性要求，相关研究报道比较少；目前，关于 Internet 环境下的实时控制系统仅处于仿真实验阶段，如基于 Internet 的过程控制系统[150]，以及基于 Internet 的过程控制网络实验室[151]等。当前，大多数网络控制系统的设计基本上是采用常规控制方法来设计的，没有考虑网络延时的影响。

Furuta 摆是由 Furuta[152]给出，因而称为 Furuta 摆，也可以称为旋转倒立摆[153]。它与车摆系统、Pendubot 系统和 Acrobot 系统等常见的欠驱动机械系统一样，作为欠驱动机械系统基准系统，已成为控制领域热门的研究对象[154-156]。Furuta 摆作为一类欠驱动机器人模型具有重要的研究价值。首先，它是平面模型向立面模型的发展；其次，Furuta 摆也属于一个典型的具有二阶非完整约束的欠驱动系统，是在实验室研究与高校教学中经常采用的机器人模型，在理论与科研方面具有重要的价值。相对于车摆系统、Pendubot 系统和 Acrobot 系统等常见的欠驱动机械系统，Furuta 摆的研究成果较少。Furuta 摆系统控制目标是将摆杆从自然下垂的初始状态控制到垂直的不稳定平衡点。通常控制任务分为起摆控制和稳定控制两部分，即首先通过一个起摆控制器将摆杆从自然下垂状态控制到垂直的不稳定平衡点附近，再切换到一个稳定控制器实现系统状态的稳定控制[157-158]。在实际的控制过程中，起摆控制尤为重要，因此受到了更多的关注。到目前为止，较为有效的是基于能量的起摆控制方案[152,159]，文献[153]则兼顾考虑了能量和动量设计了 Furuta 摆系统的起摆控制器。文献[160]基于配置的部分反馈线性化设计了一个合适的 Lyapunov 函数，从而实现了 Furuta 摆系统在不稳定平衡点附近的渐近稳定控制。

本章主要针对实时性较强的 Furuta 摆控制系统，研究在网络环境下，Furuta 摆控制系统的设计与实现，从而验证我们所设计的控制器的有效性。为此，我们将其分为如下四个步骤：首先，我们建立 Furuta 摆控制系统的数学模型。基于所建立的数学模型，运用我们所提出的控制算法设计出使得系统稳定的控制器。其次，基于 TrueTime 工具箱，在虚拟网络环境下对 Furuta 摆控制系统进行了仿真。进一步，实现了 Furuta 摆的半实物仿真实验，即在真实的网络环境下对 Furuta 摆模型进行实时仿真。最后，在仿真和半实物仿真实验的基础上，实施了 Furuta 摆系统的网络控制实验。

8.2　Furuta 摆控制系统的模型化与控制器设计

8.2.1　Furuta 摆控制系统的组织结构

本实验选用北京航空航天大学自动化与电气工程学院信息与控制实验室 Quanser 公司 Furuta 摆作为被控对象，其组织结构如图 8.1 所示。Furuta 摆的机械结构主要包括作为被控对象的摆杆，作为控制执行机构的直流力矩

图 8.1　Furuta 摆控制系统组织结构图

电机(包括旋臂)，以及作为测量反馈元件的角位移电位器。其中电位器分别与电机(旋臂)和摆杆的旋轴连接，直流力矩电机由专门的驱动电路驱动以控制 Furuta 摆的运动。旋臂由转轴处的直流力矩电机驱动，可绕转轴在垂直于电机转轴的铅直平面内转动。旋臂和摆杆之间由电位器的活动转轴相连，摆杆可绕转轴在垂直于转轴的铅直平面内转动。由电位器测量得到的两个角位移信号(旋臂与铅直线的夹角、摆杆和旋臂之间的相对角度)，作为系统的两个输出量被送入控制器。然后根据一定的控制算法，计算出控制律，并转化为电压信号提供给驱动电路，以驱动直流力矩电机的运动，通过电机带动旋臂的转动来控制摆杆的运动。

8.2.2　Furuta 摆控制系统的数学模型

Furuta 摆是一个在立面上运动的二杆机械臂，其中在平面上转动的杆(连杆 1)带有驱动电机，通过末端的铰链与在立面摆动的欠驱动杆(连杆 2)相连接。结构如图 8.2 所示，系统个参数定义如下：θ_0 为连杆 1 到 y 轴的转角，θ_1 为连杆 2 到 z 轴的转角，m_1 为连杆 2 的质量，J_1 为连杆 2 的转动惯量，l_1 为 O 点到连杆 2 的质心的长度，I_0 为连杆 1 的转动惯量，L_0 为连杆 1 的长度，τ 为电机对连杆 1 的控制输入力矩。

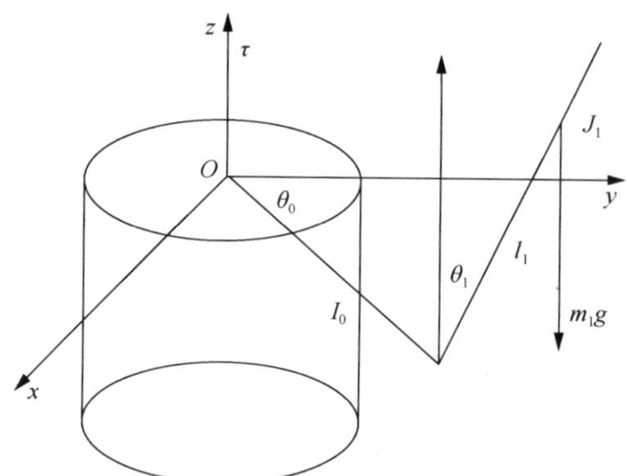

图 8.2　Furuta 摆模型图

连杆 1 的动能

$$K_0 = \frac{1}{2} I_0 \dot{\theta}_0^2$$

由于连杆 1 只是在水平面上转动，因此重力势能不发生变化。

连杆 2 的动能

$$K_1 = \frac{1}{2}J_1\dot{\theta}_1^2 + \frac{1}{2}m_1L_0^2\dot{\theta}_0^2 + \frac{1}{2}m_1l_1^2\dot{\theta}_1^2 + \frac{1}{2}m_1l_1^2\sin^2\theta_1\dot{\theta}_0^2 + m_1L_0l_1\cos\theta_1\dot{\theta}_0\dot{\theta}_1$$

连杆 2 的势能

$$P = m_1gl_1\left(\cos\theta_1 - 1\right)$$

利用拉格朗日方程

$$\frac{\mathrm{d}}{\mathrm{d}t}\left(\frac{\partial L}{\partial\dot{\theta}_i}\right) - \frac{\partial L}{\partial\dot{\theta}_i} = F_i$$

其中， $L = K - P$ ， $K = K_0 + K_1$，则

$$\frac{\partial L}{\partial\dot{\theta}_0} = \left(I_0 + m_1\left(L_0^2 + l_0^2\sin^2\theta_1\right)\right)\dot{\theta}_0 + m_1l_1L_0\cos\theta_1\dot{\theta}_1$$

$$\frac{\partial L}{\partial\theta_0} = 0$$

$$\frac{\partial L}{\partial\dot{\theta}_1} = m_1l_1L_0\cos\theta_1\dot{\theta}_0 + \left(J_1 + m_1l_1^2\right)\dot{\theta}_1$$

$$\frac{\partial L}{\partial\theta_1} = m_1l_1^2\sin\theta_1\cos\theta_1\dot{\theta}_0^2 - m_1l_1L_0\sin\theta_1\dot{\theta}_1\dot{\theta}_0 + m_1gl_1\sin\theta_1$$

于是得到 Furuta 摆的动力学方程为

$$\left(I_0 + m_1\left(L_0^2 + l_0^2\sin^2\theta_1\right)\right)\ddot{\theta}_0 + m_1l_1L_0\cos\theta_1\ddot{\theta}_1 + m_1l_1^2\sin(2\theta_1)\dot{\theta}_0\dot{\theta}_1 - m_1l_1L_0\sin\theta_1\dot{\theta}_1^2 = \tau$$

$$\left(J_1 + m_1l_1^2\right)\ddot{\theta}_1 + m_1l_1L_0\cos\theta_1\ddot{\theta}_0 - m_1l_1^2\sin\theta_1\cos\theta_1\dot{\theta}_0^2 - m_1gl_1\sin\theta_1 = 0$$

可简写为

$$D(q)\ddot{q} + C(q,\dot{q}) + g(q) = F \tag{8.1}$$

其中

$$q=\begin{bmatrix}\theta_0\\ \theta_1\end{bmatrix},\quad F=\begin{bmatrix}\tau\\ 0\end{bmatrix}$$

$$D(q)=\begin{bmatrix}I_0+m_1\left(L_0^2+l_0^2\sin^2\theta_1\right) & m_1l_1L_0\cos\theta_1\\ m_1l_1L_0\cos\theta_1 & J_1+m_1l_1^2\end{bmatrix}$$

$$C(q)=\begin{bmatrix}\frac{1}{2}m_1l_1^2\sin(2\theta_1)\dot{\theta}_1 & -m_1l_1L_0\sin(\theta_1)\dot{\theta}_1+\frac{1}{2}m_1l_1^2\sin(2\theta_1)\dot{\theta}_0\\ -\frac{1}{2}m_1l_1^2\sin(2\theta_1)\dot{\theta}_0 & 0\end{bmatrix}$$

$$g(q)=\begin{bmatrix}0\\ -m_1gl_1\sin\theta_1\end{bmatrix}$$

当控制输入力矩 $\tau=0$ 时，$(\theta_0,\dot{\theta}_0,\theta_1,\dot{\theta}_1)=(0,0,\pi,0)$ 为 Furuta 摆系统的一个稳定平衡点，我们的控制目标是把系统稳定在非稳定平衡点 $(\theta_0,\dot{\theta}_0,\theta_1,\dot{\theta}_1)=(0,0,0,0)$，即使得连杆 1 的转角为零的同时，使得连杆 2 处于竖直向上的位置。为此，我们对 Furuta 摆动力学方程在在 $(\theta_0,\dot{\theta}_0,\theta_1,\dot{\theta}_1)=(0,0,0,0)$ 附近线性化，令 $x=(x_1,x_2,x_3,x_4)=(\theta_0,\dot{\theta}_0,\theta_1,\dot{\theta}_1)$，$u=\tau$，则可以得到 Furuta 摆的线性化模型

$$\dot{x}=Ax+Bu \tag{8.2}$$

其中

$$A=\begin{bmatrix}0 & 1 & 0 & 0\\ 0 & 0 & \dfrac{-m_1^2l_1^2L_0g}{I_0\left(J_1+m_1l_1^2\right)+J_1m_1L_0^2} & 0\\ 0 & 0 & 0 & 1\\ 0 & 0 & \dfrac{\left(I_0+m_1L_0^2\right)m_1l_1g}{I_0\left(J_1+m_1l_1^2\right)+J_1m_1L_0^2} & 0\end{bmatrix},\quad B=\begin{bmatrix}0\\ \dfrac{J_1+m_1l_1^2}{I_0\left(J_1+m_1l_1^2\right)+J_1m_1L_0^2}\\ 0\\ \dfrac{-m_1l_1L_0}{I_0\left(J_1+m_1l_1^2\right)+J_1m_1L_0^2}\end{bmatrix}$$

代入相应的参数得

$$\begin{bmatrix}\dot{x}_1\\ \dot{x}_2\\ \dot{x}_3\\ \dot{x}_4\end{bmatrix}=\begin{bmatrix}0 & 1 & 0 & 0\\ 0 & 0 & -52.06 & 0\\ 0 & 0 & 0 & 1\\ 0 & 0 & 76.18 & 0\end{bmatrix}\begin{bmatrix}x_1\\ x_2\\ x_3\\ x_4\end{bmatrix}+\begin{bmatrix}0\\ 34.41\\ 0\\ -13.35\end{bmatrix}u \tag{8.3}$$

8.2.3　基于 TrueTime 的 Furuta 摆网络控制系统仿真

TrueTime 是以 Visual C++ 6.0 及以上版本和 Matlab/Simulink 为平台的仿真包。它是由瑞典 Lund 工学院的 Dan Henriksson 和 Anton Cervin 等学者开发的一种基于 Matlab 的实时控制与网络控制仿真工具箱 TrueTime，能够同时支持控制与实时调度，可以对网络时延、网络参数对系统性能的影响、控制方法和网络调度等方面进行综合仿真研究，从而使得网络控制系统的研究更加容易。此软件的优点在于它能和 Matlab 软件包中的其他控制模块相结合、简便而又快速地搭建实时控制系统和实时网络控制系统。

首先，假设传感器的采样周期为 $T_s = 5\text{ms}$，运用离散化方法，(8.3) 的离散化系统模型可表示为

$$\begin{bmatrix}x_1(k+1)\\ x_2(k+1)\\ x_3(k+1)\\ x_4(k+1)\end{bmatrix}=\begin{bmatrix}1.0000 & 0.0050 & -0.0007 & 0\\ 0 & 1.0000 & -0.2604 & -0.0007\\ 0 & 0 & 1.0010 & 0.0050\\ 0 & 0 & 0.3810 & 1.0010\end{bmatrix}\begin{bmatrix}x_1(k)\\ x_2(k)\\ x_3(k)\\ x_4(k)\end{bmatrix}+\begin{bmatrix}0.0004\\ 0.1721\\ -0.0002\\ -0.0668\end{bmatrix}u(k)$$

其次，由第 5 章的设计方法，在网络时延为 $d = 25\text{ms}$ 情况下，我们得到 Furuta 摆控制系统的状态反馈增益矩阵为

$$K=\begin{bmatrix}0.0838 & 0.2035 & 18.0307 & 2.2785\end{bmatrix}$$

最后，假设初始条件为 $x(0)=\begin{bmatrix}-\pi & 0 & 2.5\pi/3 & 0\end{bmatrix}$，基于我们所设计的控制器，运用 TrueTime 工具箱网络环境下 Furuta 摆控制系统进行仿真。

图 8.3 和图 8.4 分别给出网络时延为 $d = 25\text{ms}$ 情况下的连杆 1 和连杆 2 的转角的仿真结果。仿真结果表明，控制方法对系统的角度控制达到了要求的稳定状态，从而验证了控制方法的有效性。

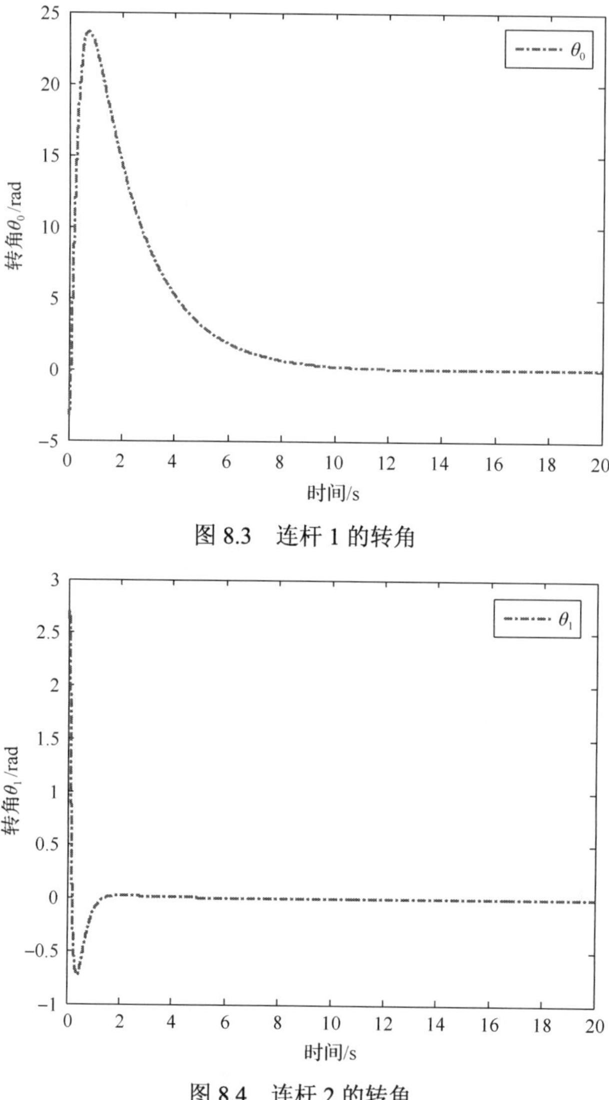

图 8.3　连杆 1 的转角

图 8.4　连杆 2 的转角

8.3　网络环境下 Furuta 摆镇定控制的半实物仿真实验

8.2 节中我们讨论了基于 TrueTime 的 Furuta 摆的仿真，本节将继续研究 Furuta 摆的半实物仿真实验。总体构架如图 8.5 所示，主要由四部分组成，分别是：Matlab/Simulink 控制器/被控对象、Matlab 数据接口、Java 网络接口以及网络。利用 Matlab/Simulink 实现控制系统的仿真，Java 网络接口用来连接 Matlab 仿真对象。

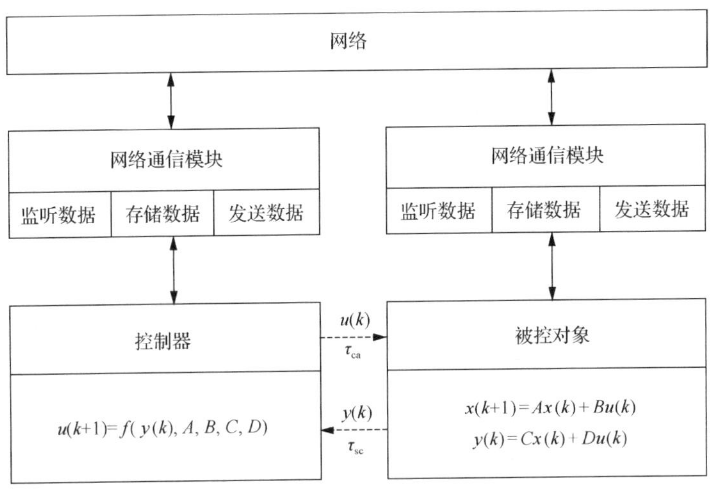

图 8.5　半实物仿真总体框架

8.3.1　控制器与被控对象

控制器和被控对象模型的建立主要是通过 Matlab/Simulink 来完成的。用户可以自己使用 Simulink 来定义自己的模型。

被控对象模型

$$x(k+1)=Ax(k)+Bu(k)$$
$$y(k)=Cx(k)+Du(k)$$

控制器接收到被控对象发过来的信息 $y(k)$ 后，根据 $u(k+1)=f(y(k),A,B,C,D)$ 计算出 $u(k+1)$，再发给被控对象。

8.3.2　Matlab 数据接口

使用 Real-Time Windows Target(RTWT)可以生成 C 代码，经过编译及联接后，实时地将传感器、执行部件、控制器与 Simulink 模型相连，可以搭建实时模型。在 Matlab R2007b 之前的版本，利用 RTWT 是无法直接进行 UDP 通信的，变通的方法之一是不利用 RTWT，而是通过编写 S-Function 进行 UDP 通信，通过在 S-Function 中比较真实时间和虚拟时间来控制实时性。从 Matlab R2007b 开始，RTWT 有了较大的改进，RTWT 可以直接利用

UDP 通信，这是通过新增的 4 个 Block 实现的：PacketInput，Packet Output，Stream Input，Stream Output。Packet Input、Packet Output 与 Stream Input、Stream Output 模块发送数据的格式不同，前者数据是以 ASCII 码的形式发送或接受数据，而后者数据是以二进制流的形式发送或接受数据。

TCP 协议是以数据流的方式进行发送和接受，UDP 协议是以数据包的方式进行发送和接受。TCP 协议的数据流、滑动窗的方式保证了其数据的可靠传输，UDP 协议则不需建立连接，节省了系统开销。它们各有自己的优缺点，可根据实际情况进行选择。

TCP 协议全称是传输控制协议(Transfer Control Protocol)，是一种面向连接的协议。TCP 是保证可靠递交的通信协议，这一点正是通过重传机制来实现的。当校验不对，或者在指定时间内没有收到接受端的确认时，发送方会重传。UDP 要实现这样的功能需要程序员的干预，即用 DatagramSocket. setSoTimeout()方法为 receive()操作启动定时器。如果 TCP 数据包也是乱序到达的，则可能会给 TCP 套接字在流中读取数据带来麻烦。幸运的是 TCP 协议提供了处理定序的程序。每个数据包都包含一个用来对数据包排序用的序列号。在排队队列中将它们排成有序的数据序列后再递交给应用程序。

UDP 协议全称是用户数据包协议(User Datagram Protocol)，是一种无连接协议，它既不保证包递交，又不保证包按序到达。数据字节被组合在离散的包中，由发送端的计算机控制最终目的地，但是它究竟怎样达到其目的地却是一个不确定过程。数据包可能沿着不同的路径传输，这些路径由各个不同的网络路由器根据网络拥塞程度，路由优先级等来选择。这就可能出现这样一种情况：后一个数据包遇到了跟前一个相比更快的路由，它就可能更早到达，就可能造成数据包的乱序。并且如果某条线路严重阻塞，则数据包可能被完全丢弃。

在网络化控制系统中，对控制数据和采样数据的实时性要求比较高，数据具有一定的时效性，任何时候都使用最新的数据，UDP 协议刚好能符合这个要求。因此在此仿真平台中，数据都以 UDP 数据包传输。

8.3.3 Java 网络接口

Java 网络接口负责 Matlab/Simulink 控制器/被控对象模块和网络的连接，并对数据进行处理，例如，记录当前时间以进行时延的计算、选择数据所要通过的网络、存储或读取历史数据等，可以根据实际系统需要进行修改。由于 Java 开发的程序可以运行在 Windows、Linux 等操作系统上，此平台不仅可以运行在 Windows 操作系统上，也容易迁移到 Linux 等其他操作系统上运行。本仿真平台采用两台计算机结构，其中一台计算机用来模拟被控对象，另一台计算机用来模拟控制器。被控对象端的 Packet Output 模块中设定的远端 IP 应该是控制器端的 Packet Input 模块所在计算机的 IP，控制器端的 Packet Output 模块中设定的远端 IP 应该是被控对象端的 Packet Input 模块所在计算机的 IP，Java 数据接口模块的主要功能是对数据进行接收、处理并发送。

在 Java 网络接口模块中，用两个子线程来实现与 Matlab 数据接口模块和实际网络的连接，包括如下两部分：

(1) 接收 Packet Output Block 发出的数据包，进行处理并转发给网络。

(2) 接收网络的数据包，进行处理并发送给 Packet Input Block。

程序流程如图 8.6 所示。

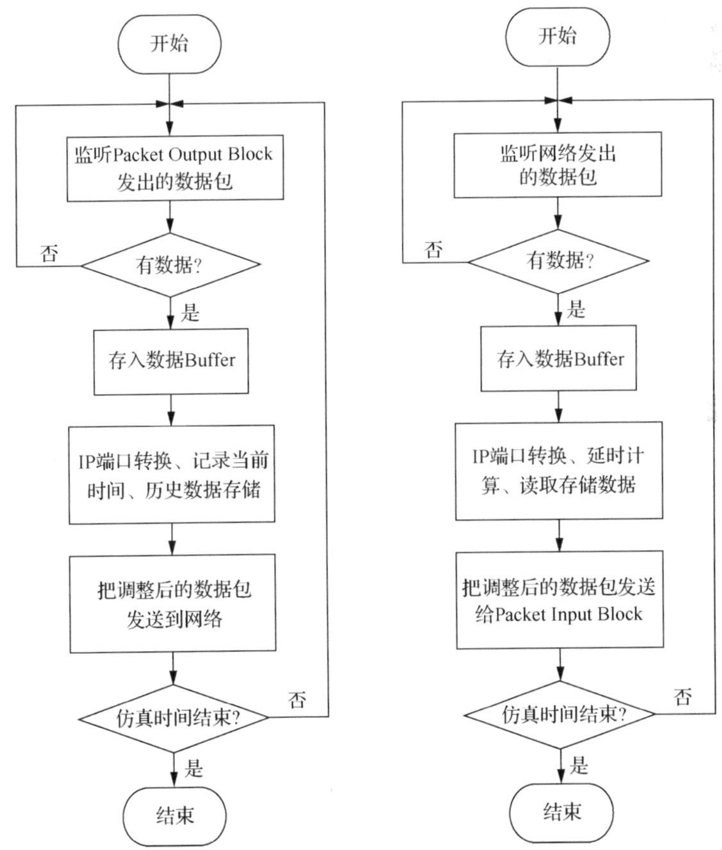

图 8.6　Java 网络接口模块程序流程图

8.3.4 Furuta 摆半实物实时仿真实验

基于以上分析，我们对 Furuta 摆进行半实物实时仿真实验，实验结果如图 8.7 和图 8.8 所示。

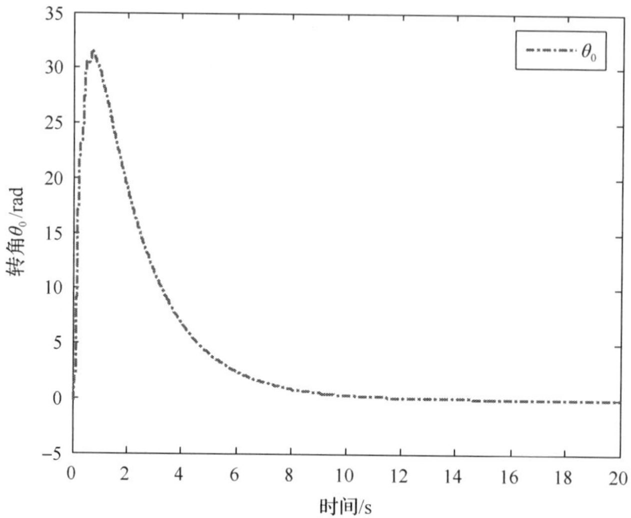

图 8.7　连杆 1 的转角

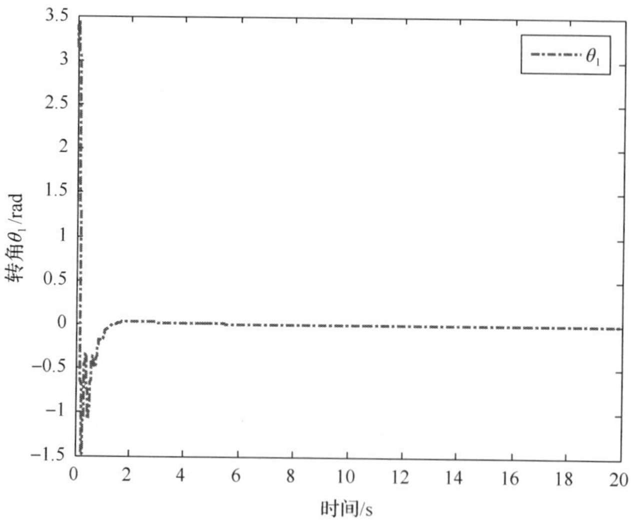

图 8.8　连杆 2 的转角

图 8.7 和图 8.8 分别给出实际网络情况下的连杆 1 和连杆 2 的转角的半实物仿真结果，仿真结果表明控制方法对系统的角度控制达到了要求的稳定状态，但由于实际网络的复杂性，半实物仿真结果和 TrueTime 仿真结果相比显得稍差一些。

8.4　网络环境下 Furuta 摆的镇定控制实验与分析

8.4.1　实验方案和目的

为了验证本书提出的控制算法的有效性，本节在研究 TrueTime 实时仿真和半实物仿真实验的基础上，继续讨论网络环境下 Furuta 摆的网络控制实验，为此，我们搭建如图 8.9 所示的 Furuta 摆网络控制系统实验平台。

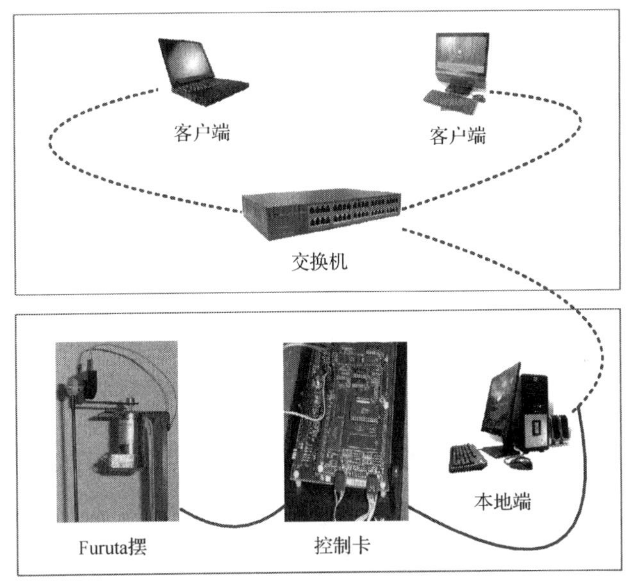

图 8.9　Furuta 摆网络控制实验结构图

其结构框图如图 8.10 所示。

具体的实验方案如下。

首先，对我们实验的所面对的网络环境的时延分布进行测试，以作为控制器设计的依据。为此，我们对北京航空航天大学校园网在时间段 09:00～12:00 的网络时延(单位：ms)进行测试。通过测试我们得到时延分布情况如表 8.1 所示。

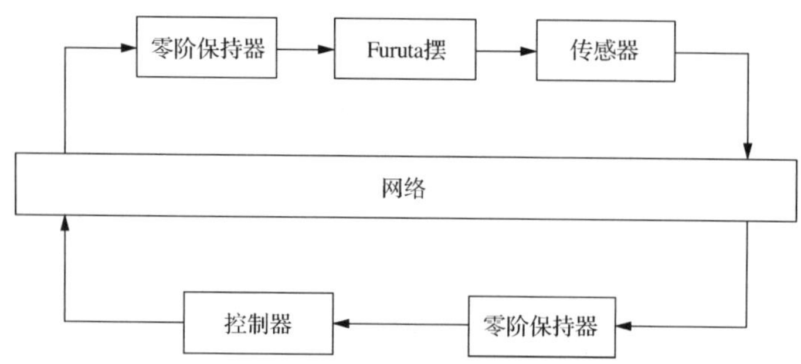

图 8.10 Furuta 摆网络控制实验结构框图

表 8.1 网络时延分布

时延区间序列	1	2	3	4	5	6
时延区间	$[0,1]$	$(1,2]$	$(2,3]$	$(3,4]$	$(4,5]$	$(5,20]$
频次	1123	4859	2678	1306	675	159
频率/%	10.40	44.99	24.80	12.09	6.25	1.47

为了更直观地看出时延的分布情况，我们绘制表 8.1 的统计直方图 8.11。统计结果表明：一方面，最小时延 $d_{\min}=0\text{ms}$ ，最大时延 $d_{\max}=20\text{ms}$ ，均

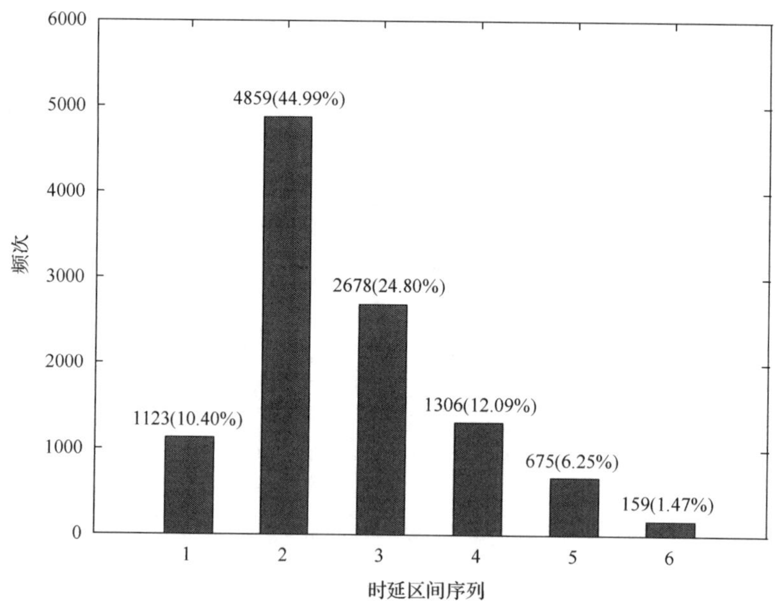

图 8.11 网络时延统计直方图

值为 $d_{\text{ave}} = 2.2\text{ms}$；另一方面，网络时延较为稳定并且 98.53% 的网络延时 $d \leqslant 5\text{ms}$。这为下一步针对网络时延 $d = 5\text{ms}$ 设计控制器的状态反馈增益矩阵提供依据。

其次，针对网络时延 $d = 5\text{ms}$，基于我们的控制算法，设计稳定控制器的状态反馈增益矩阵如下：

$$K = \begin{bmatrix} 0.2358 & 0.3790 & 38.4145 & 5.2271 \end{bmatrix}$$

再次，由传感器采集系统 k 时刻的状态向量 $\left(\theta_0, \dot{\theta}_0, \theta_1, \dot{\theta}_1\right)_k^{\mathrm{T}}$，根据我们所设计控制器的增益矩阵 K，计算出计算出相应的控制量 $u = K\left(\theta_0, \dot{\theta}_0, \theta_1, \dot{\theta}_1\right)_k^{\mathrm{T}}$。

(1) 在不考虑时延的情况下，对 Furuta 摆进行本地控制实验。由于是本地控制实验，被控对象的控制输入为 $u = K\left(\theta_0, \dot{\theta}_0, \theta_1, \dot{\theta}_1\right)_k^{\mathrm{T}}$。

(2) 在加仿真时延 $\bar{d}$ 情况下，对 Furuta 摆进行本地控制实验。由于仿真时延 $\bar{d}$ 的存在，被控对象的实际控制输入为 $u = K\left(\theta_0, \dot{\theta}_0, \theta_1, \dot{\theta}_1\right)_{k-\bar{d}}^{\mathrm{T}}$。

(3) 在真实的网络环境下，对 Furuta 摆进行网络控制实验。由于网络时延 d 的存在，被控对象的实际控制输入为 $u = K\left(\theta_0, \dot{\theta}_0, \theta_1, \dot{\theta}_1\right)_{k-d}^{\mathrm{T}}$。

(4) 在加仿真时延的网络环境情况下，对 Furuta 摆进行网络控制实验。由于网络时延 d 和 $\bar{d}$ 仿真时延的存在，被控对象的实际控制输入为 $u = K\left(\theta_0, \dot{\theta}_0, \theta_1, \dot{\theta}_1\right)_{k-d-\bar{d}}^{\mathrm{T}}$。

最后，由于 Furuta 摆是一种典型的欠驱动系统，在实际实验中，控制任务通常分为起摆控制和稳定控制两部分，即首先通过一个起摆控制器将摆杆从自然下垂状态控制到不稳定平衡点附近，再切换到一个稳定控制器实现系统状态的稳定控制。在本实验中，我们使用 Quanser 公司提供的起摆控制器和基于本书的控制算法所设计的稳定控制器对 Furuta 摆进行控制。

8.4.2 实验过程实录

初始条件为 Furuta 摆系统的稳定平衡点 $x(0) = \begin{bmatrix} 0 & 0 & \pi & 0 \end{bmatrix}$，运用 Quanser 公司的起摆控制器和我们的稳定控制器，实现网络环境下的 Furuta 摆控制实验。图 8.12 和序列图 8.13 分别给出本地控制实验的实验结果和实验过程。

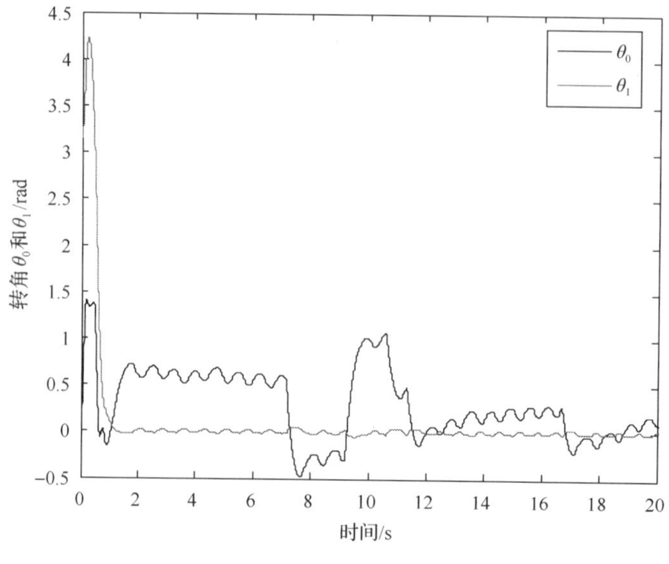

图 8.12　连杆的转角

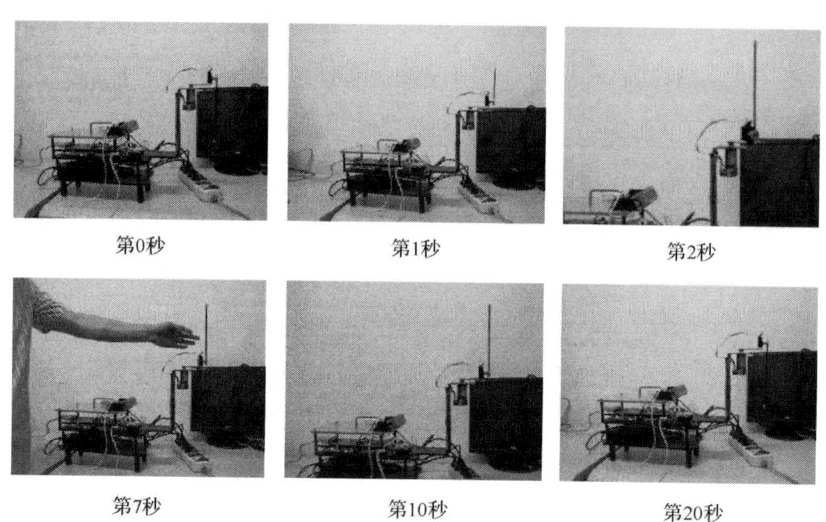

图 8.13　本地控制实验过程

图 8.14 和序列图 8.15 分别给出加仿真时延 $\bar{d} = 5\text{ms}$ 的本地控制实验的实验结果和实验过程。

表 8.2 给出本地控制不加仿真时延和加仿真时延两种情况下连杆转角的比较。

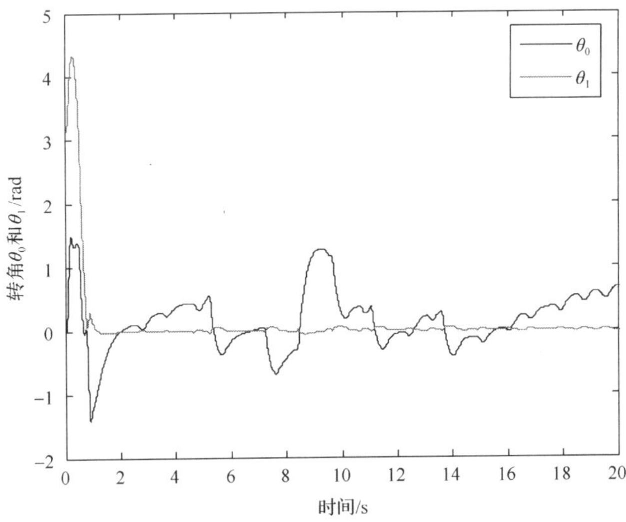

图 8.14　连杆的转角

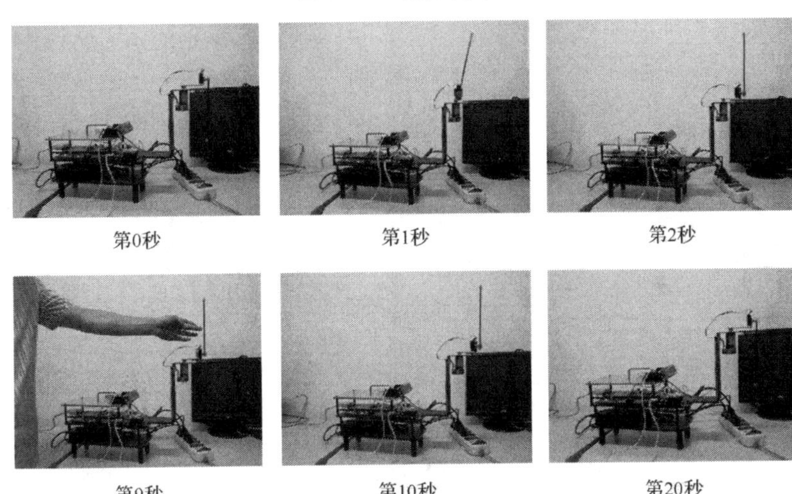

图 8.15　加仿真时延的本地控制实验过程

表 8.2　本地控制连杆转角的比较　（单位：rad）

	$\bar{d}=0\text{ms}$	$\bar{d}=5\text{ms}$
θ_0	$\max\theta_0=1.4002$ $\min\theta_0=-0.4989$	$\max\theta_0=1.5012$ $\min\theta_0=-1.3894$
θ_1	$\max\theta_1=4.2405$ $\min\theta_1=-0.0190$	$\max\theta_1=4.4109$ $\min\theta_1=-0.0228$

图 8.16 和序列图 8.17 分别给出网络控制实验的实验结果和实验过程。

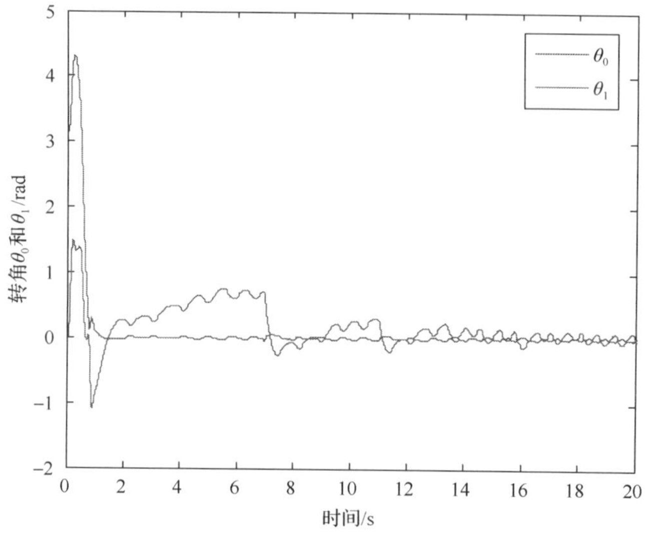

图 8.16　连杆的转角

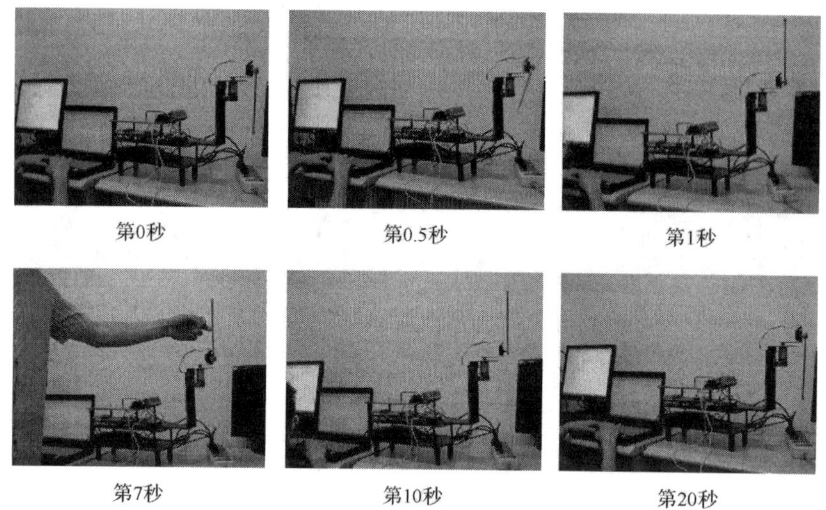

图 8.17　网络控制实验过程

图 8.18 和序列图 8.19 分别给出网络控制加仿真时延 $\bar{d}=3\text{ms}$ 的实验结果和实验过程。

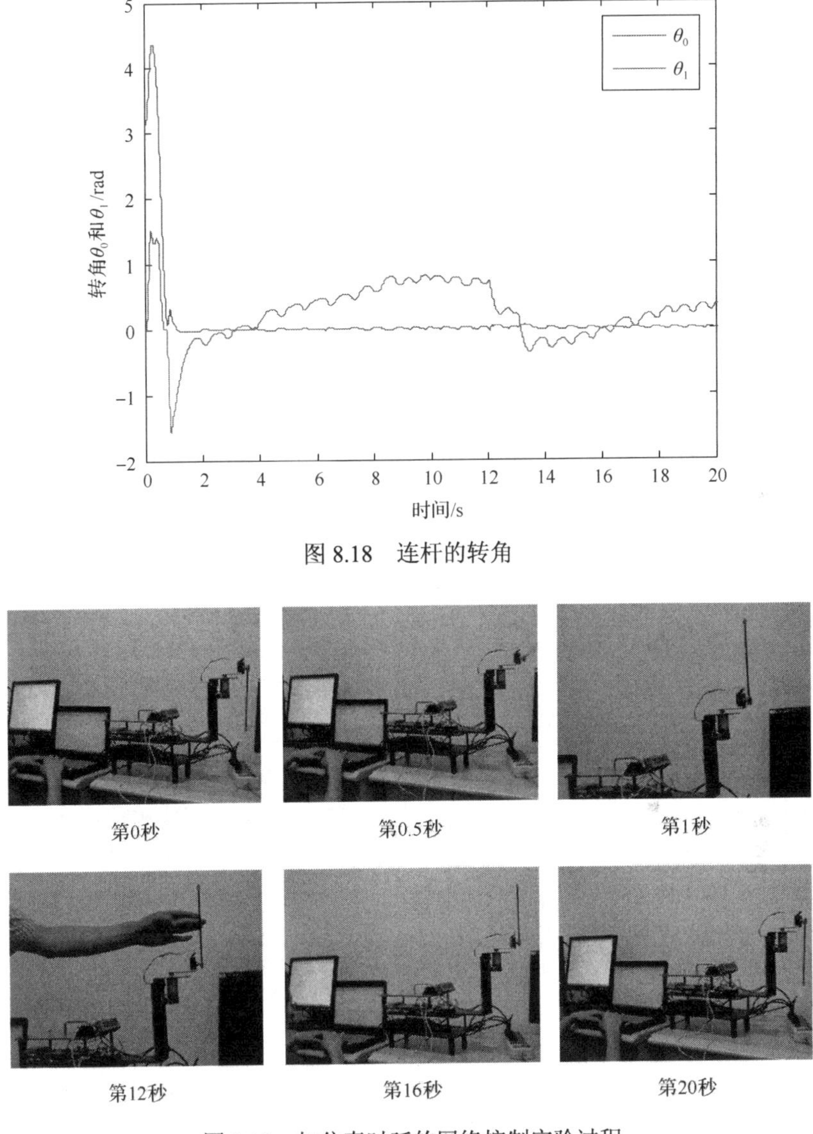

图 8.18　连杆的转角

图 8.19　加仿真时延的网络控制实验过程

表 8.3 给出网络控制不加仿真时延和加仿真时延两种情况下连杆转角的比较。

表 8.3 网络控制连杆转角的比较 (单位：rad)

	$\bar{d}=0\text{ms}$	$\bar{d}=3\text{ms}$
θ_0	$\max\theta_0=1.4923$ $\min\theta_0=-1.0025$	$\max\theta_0=1.5011$ $\min\theta_0=-1.5736$
θ_1	$\max\theta_1=4.2012$ $\min\theta_1=-0.0231$	$\max\theta_1=4.2645$ $\min\theta_1=-0.0256$

8.4.3 实验结果分析

由图 8.3、图 8.4、图 8.12、图 8.14 和图 8.18 可以看出，当系统在达到稳定状态时，仿真和实验结果相比，系统模型的不精确以及外部的干扰等原因，导致实验结果没有仿真结果好；由图 8.12、图 8.14 和表格 8.2 可以看出，运用我们所设计的控制器进行本地控制时，一方面，控制方法对系统的角度控制达到了要求的稳定状态，从而验证了我们的控制算法的有效性，另一方面，不加仿真时延的本地控制效果比加仿真时延的本地控制效果好；由图 8.16、图 8.18 和表格 8.3 可以看出，运用我们所设计的控制器进行网络控制时，一方面，控制方法对系统的角度控制达到了要求的稳定状态，从而验证了我们的控制算法的有效性，另一方面，不加仿真时延的网络控制效果比加仿真时延的本地控制效果好；由图 8.13、图 8.15、图 8.17 和图 8.19 可以看出，当我们给系统加外部干扰时，系统仍然能达到稳定状态，从而说明控制方法具有较好的鲁棒性；本实验以 Furuta 摆作为被控对象，运用我们的控制方法，得到一系列的实验结果。实际上，当选取其他系统作为被控对象时，我们可以运用相同的设计方法和实验方案实现其网络控制，从而说明我们的设计方法和实验方案具有一般性的特点。

8.5 小　　结

本章我们主要研究网络化 Furuta 摆系统进行控制器设计与仿真实验。首先，建立 Furuta 摆的模型。其次，运用我们所设计的控制器，基 TrueTime 仿真工具箱对虚拟网络环境下 Furuta 摆系统进行仿真。其次，在真实网络环境下，给出 Furuta 摆的半实物仿真结果。在仿真和半实物仿真的基础上，最后，实现了 Furuta 摆网络控制实验。仿真和实验结果表明控制算法的有效性和对外部干扰具有较强的鲁棒性。

第 9 章　时变时延网络控制系统的有限时间控制

由于通信网络带宽及服务能力的限制，数据包在网络传输中不可避免地存在时延。网络时延受网络协议、网络传输速度、负载状态以及数据包大小等因素的综合影响，在不同的网络环境下，网络时延呈现不同的变化特点(时常性、时变性、随机性)。对于时变时延的网络控制系统，将时变时延归于系统的不确定性部分，运用离散化方法将时变时延网络控制系统转化为不确定离散线性系统。运用 Lyapunov 稳定性理论，结合线性矩阵不等式方法，得出时变时延网络控制系统的有限时间控制方法。

9.1　模 型 建 立

考虑时变时延网络控制系统

$$\begin{aligned}&\dot{x}(t)=\bar{A}x(t)+\bar{B}u(t)+\bar{G}w(t),\quad t\in\left[kh+\tau_k,(k+1)h+\tau_{k+1}\right)\\&u(t^+)=Kx(t-\tau_k),\quad t\in\left\{kh+\tau_k,k=0,1,2,\cdots\right\}\end{aligned}\tag{9.1}$$

其中，$x(t)\in R^n$ 和 $u(t)\in R^m$ 分别表示系统状态和控制输入；$w(t)\in R^p$ 表示系统外部扰动；$\bar{A}$、$\bar{B}$、$\bar{G}$ 为对应的适当维数矩阵；$u(t^+)$ 分片连续且其值在 $kh+\tau_k$ 上改变；K 为反馈增益矩阵；τ_k 为时变的网络时延；h 为传感器的采样周期。时变时延网络控制系统的网络控制结构可以用图 9.1 描述。

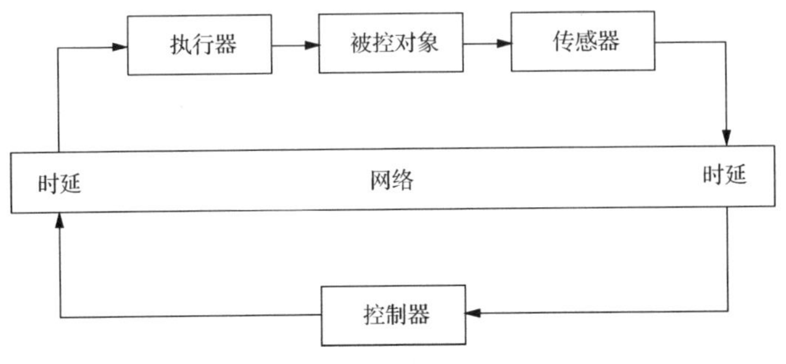

图 9.1　时变时延网络控制系统

运用离散化方法，系统(9.1)的离散化系统模型可表示为

$$x(k+1)=\Phi x(k)+\Gamma_0(\tau_k)u(k)+\Gamma_1(\tau_k)u(k-1)+\Psi w(k) \tag{9.2}$$

其中

$$\Phi=\mathrm{e}^{\bar{A}h},\quad \Gamma_0(\tau_k)=\int_0^{h-\tau_k}\mathrm{e}^{\bar{A}s}\bar{B}\mathrm{d}s,\quad \Gamma_1(\tau_k)=\int_{h-\tau_k}^{h}\mathrm{e}^{\bar{A}s}\bar{B}\mathrm{d}s,\quad \Psi=\int_0^{h}\mathrm{e}^{\bar{A}s}\bar{G}\mathrm{d}s$$

令

$$\Gamma_0=\int_0^{h-\tau_{\max}}\mathrm{e}^{\bar{A}s}\bar{B}\mathrm{d}s,\quad \Delta\Gamma_0=\int_{h-\tau_{\max}}^{h-\tau_k}\mathrm{e}^{\bar{A}s}\bar{B}\mathrm{d}s$$

则

$$\Gamma_0(\tau_k)=\Gamma_0+\Delta\Gamma_0$$

同理令

$$\Gamma_1=\int_{h-\tau_{\max}}^{h}\mathrm{e}^{\bar{A}s}\bar{B}\mathrm{d}s,\quad \Delta\Gamma_1=\int_{h-\tau_k}^{h-\tau_{\max}}\mathrm{e}^{\bar{A}s}\bar{B}\mathrm{d}s$$

则

$$\Gamma_1(\tau_k)=\Gamma_1+\Delta\Gamma_1$$

令

$$\Gamma(k)=\int_{h-\tau_k}^{h-\tau_{\max}}\mathrm{e}^{\bar{A}s}\bar{B}\mathrm{d}s$$

则

$$\begin{bmatrix}\Delta\Gamma_0 & \Delta\Gamma_1\end{bmatrix}=I\Gamma(k)\begin{bmatrix}B & -B\end{bmatrix}$$

定义增广状态向量

$$\tilde{x}(k)=\left[x^{\mathrm{T}}(k),u^{\mathrm{T}}(k-1)\right]^{\mathrm{T}}$$

增广外部输入向量

$$\tilde{w}(k)=\left[w^{\mathrm{T}}(k),0^{\mathrm{T}}\right]^{\mathrm{T}}$$

增广控制增益矩阵

$$\tilde{K} = [K, 0]$$

时变时延网络控制系统(9.2)的等价模型

$$\tilde{x}(k+1) = (\tilde{A} + \Delta\tilde{A})\tilde{x}(k) + (\tilde{B} + \Delta\tilde{B})\tilde{K}\tilde{x}(k) + \tilde{G}\tilde{w}(k) \tag{9.3}$$

其中

$$\tilde{A} = \begin{bmatrix} \Phi & \Gamma_1 \\ 0 & 0 \end{bmatrix}, \quad \tilde{B} = \begin{bmatrix} \Gamma_0 \\ I \end{bmatrix}, \quad \tilde{G} = \begin{bmatrix} \Psi & 0 \\ 0 & 0 \end{bmatrix}, \quad \Delta\tilde{A} = \begin{bmatrix} 0 & \Delta\Gamma_1 \\ 0 & 0 \end{bmatrix}, \quad \Delta\tilde{B} = \begin{bmatrix} \Delta\Gamma_0 \\ 0 \end{bmatrix}$$

$$\Gamma_0 = \int_0^{h-\tau_{\max}} \mathrm{e}^{\bar{A}s}\bar{B}\mathrm{d}s, \quad \Gamma_1 = \int_{h-\tau_{\max}}^{h} \mathrm{e}^{\bar{A}s}\bar{B}\mathrm{d}s, \quad \Delta\Gamma_0 = \int_{h-\tau_{\max}}^{h-\tau_k} \mathrm{e}^{\bar{A}s}\bar{B}\mathrm{d}s,$$

$$\Delta\Gamma_1 = \int_{h-\tau_k}^{h-\tau_{\max}} \mathrm{e}^{\bar{A}s}\bar{B}\mathrm{d}s$$

于是不难得到

$$\begin{bmatrix} \Delta\tilde{A} & \Delta\tilde{B} \end{bmatrix} = U\Gamma(k)\begin{bmatrix} V_1 & V_2 \end{bmatrix}$$

其中

$$U = \begin{bmatrix} I \\ 0 \end{bmatrix}, \quad V_1 = \begin{bmatrix} 0 & -B \end{bmatrix}, \quad V_2 = B$$

定义 9.1　对于系统(9.3)，当 $\tilde{w}(k) = 0$ 时，系统(9.3)关于 (α, β, R, N) 有限时间稳定的，如果

$$\tilde{x}^{\mathrm{T}}(0)R\tilde{x}(k) \leqslant \alpha^2 \Rightarrow \tilde{x}^{\mathrm{T}}(k)R\tilde{x}(k) \leqslant \beta^2, \quad k \in \{1, \cdots, N\}$$

其中，R 为正定矩阵，N 为自然数，$0 < \alpha < \beta$。

定义 9.2　当 $\tilde{w}(k) \neq 0$ 时，且 $\tilde{w}(k)$ 满足 $\sum_{k=1}^{N} \tilde{w}^{\mathrm{T}}(k)\tilde{w}(k) \leqslant d^2$，系统(9.3)关于 (α, d, β, R, N) 有限时间有界的，如果

$$\tilde{x}^{\mathrm{T}}(0)R\tilde{x}(k) \leqslant \alpha^2 \Rightarrow \tilde{x}^{\mathrm{T}}(k)R\tilde{x}(k) \leqslant \beta^2, \quad k \in \{1, \cdots, N\}$$

其中，R 为正定矩阵，N 为自然数，$0 < \alpha < \beta$。

引理 9.1　对于给定的适当维数的实矩阵 G、M、N，其中 G 为对称矩

阵，那么对满足 $\sigma_{\max}(\Gamma)\leqslant\delta$ 的矩阵 Γ

$$G+M\Gamma N+N^{\mathrm{T}}\Gamma^{\mathrm{T}}M^{\mathrm{T}}<0$$

成立的充分必要条件是存在常数 $\varepsilon>0$，使得下式成立：

$$G+\delta^{2}\varepsilon MM^{\mathrm{T}}+\frac{1}{\varepsilon}N^{\mathrm{T}}N<0$$

引理 9.2　对于 $\Gamma(k)=\int_{h-\tau_k}^{h-\tau_{\max}}\mathrm{e}^{\bar{A}s}\bar{B}\mathrm{d}s$，有下列关系成立：

$$\sigma_{\max}(\Gamma)\leqslant\delta=\frac{\exp\left(\sigma_{\max}(A)\left(h-\tau_{\max}\right)\right)-\exp\left(\sigma_{\max}(A)\left(h-\tau_{\min}\right)\right)}{\sigma_{\max}(A)}$$

9.2　稳定性分析

本节主要讨论系统(9.3)在没有控制输入情况下关于(α,β,R,N)有限时间稳定性和关于(α,d,β,R,N)有限时间有界性问题，即控制增益矩阵$\tilde{K}$=0 的情况下，给出系统(9.3)有限时间稳定性和有限时间有界性的判据。我们有如下的定理。

定理 9.1　如果存在正定矩阵 P_1 和 P_2，标量 $\varepsilon>0$ 和 $\gamma\geqslant 1$，使得如下的线性矩阵不等式成立：

$$\begin{bmatrix}-\gamma P_1 & 0 & \tilde{A}^{\mathrm{T}} & V_1^{\mathrm{T}}\\ 0 & -\gamma P_2 & \tilde{G}^{\mathrm{T}} & 0\\ \tilde{A} & \tilde{G} & \delta^{2}\varepsilon UU^{\mathrm{T}}-\gamma P_1^{-1} & 0\\ V_1 & 0 & 0 & -\varepsilon I\end{bmatrix}<0 \tag{9.4}$$

$$\frac{\lambda_2}{\lambda_1}\gamma^{N}\alpha^{2}+\frac{\lambda_3}{\lambda_1}\gamma^{N}d^{2}<\beta^{2} \tag{9.5}$$

其中

$$\lambda_1=\lambda_{\min}(\tilde{P}_1),\quad \lambda_2=\lambda_{\max}(\tilde{P}_1),\quad \lambda_3=\lambda_{\max}(P_2),\quad \tilde{P}_1=R^{-\frac{1}{2}}P_1R^{-\frac{1}{2}}$$

则系统(9.3)关于(α,d,β,R,N)有限时间有界的。

证明　选取如下的 Lyapunov 函数:

$$V\left(\tilde{x}(k)\right)=\tilde{x}^{\mathrm{T}}(k)P_1\tilde{x}(k)$$

于是我们得到

$$\begin{aligned}
V\left(\tilde{x}(k+1)\right)&=\tilde{x}^{\mathrm{T}}(k+1)P_1\tilde{x}(k+1)\\
&=\left(\left(\tilde{A}+\Delta\tilde{A}\right)\tilde{x}(k)+\tilde{G}\tilde{w}(k)\right)^{\mathrm{T}}P_1\left(\left(\tilde{A}+\Delta\tilde{A}\right)\tilde{x}(k)+\tilde{G}\tilde{w}(k)\right)\\
&=\begin{bmatrix}\tilde{x}(k)\\ \tilde{w}(k)\end{bmatrix}^{\mathrm{T}}\begin{bmatrix}\left(\tilde{A}+\Delta\tilde{A}\right)^{\mathrm{T}}P_1\left(\tilde{A}+\Delta\tilde{A}\right) & \left(\tilde{A}+\Delta\tilde{A}\right)^{\mathrm{T}}P_1\tilde{G}\\ \tilde{G}^{\mathrm{T}}P_1\left(\tilde{A}+\Delta\tilde{A}\right) & \tilde{G}^{\mathrm{T}}P_1\tilde{G}\end{bmatrix}\begin{bmatrix}\tilde{x}(k)\\ \tilde{w}(k)\end{bmatrix}
\end{aligned}$$

假定如下条件成立:

$$V\left(\tilde{x}(k+1)\right)\leqslant\gamma V\left(\tilde{x}(k)\right)+\gamma\tilde{w}^{\mathrm{T}}(k)P_2\tilde{w}(k)\tag{9.6}$$

首先我们推导条件(9.6)和(9.5)隐含着系统(9.3)关于(α,d,β,R,N)有限时间有界。反复运用条件(9.6)可以得到

$$\begin{aligned}
V\left(\tilde{x}(k)\right)&\leqslant\gamma^k V\left(\tilde{x}(0)\right)+\sum_{j=1}^{k}\gamma^j\tilde{w}^{\mathrm{T}}(k-j)P_2\tilde{w}(k-j)\\
&=\gamma^k\left(V\left(\tilde{x}(0)\right)+\sum_{j=1}^{k}\gamma^{j-k}\tilde{w}^{\mathrm{T}}(k-j)P_2\tilde{w}(k-j)\right)\\
&\leqslant\gamma^k\left(V\left(\tilde{x}(0)\right)+\lambda_3\sum_{j=1}^{k}\gamma^{j-k}\tilde{w}^{\mathrm{T}}(k-j)\tilde{w}(k-j)\right)
\end{aligned}$$

因为$\gamma\geqslant1$，所以

$$\begin{aligned}
V\left(\tilde{x}(k)\right)&\leqslant\gamma^k\left(V\left(\tilde{x}(0)\right)+\lambda_3\sum_{j=1}^{k}\gamma^{j-k}\tilde{w}^{\mathrm{T}}(k-j)\tilde{w}(k-j)\right)\\
&\leqslant\gamma^N\left(\lambda_2\alpha^2+\lambda_3 d^2\right)
\end{aligned}\tag{9.7}$$

另一方面

$$V\left(\tilde{x}(k)\right) = \tilde{x}^{\mathrm{T}}(k)P_1\tilde{x}(k) \geqslant \lambda_1\tilde{x}^{\mathrm{T}}(k)R\tilde{x}(k) \tag{9.8}$$

由不等式(9.7)和(9.8)可以得到

$$\tilde{x}^{\mathrm{T}}(k)R\tilde{x}(k) \leqslant \frac{\lambda_2}{\lambda_1}\gamma^N\alpha^2 + \frac{\lambda_3}{\lambda_1}\gamma^N d^2 < \beta^2 \tag{9.9}$$

现在我们来证明条件(9.6)和条件(9.4)是等价的。其实条件(9.6)可以变形为如下形式：

$$\begin{bmatrix} \left(\tilde{A}+\Delta\tilde{A}\right)^{\mathrm{T}} \\ \tilde{G}^{\mathrm{T}} \end{bmatrix} P_1 \left[\tilde{A}+\Delta\tilde{A} \quad \tilde{G}\right] - \begin{bmatrix} \gamma P_1 & 0 \\ 0 & \gamma P_2 \end{bmatrix} < 0 \tag{9.10}$$

由引理 9.1 可知不等式(9.10)等价于

$$\begin{bmatrix} -\gamma P_1 & 0 & \left(\tilde{A}+\Delta\tilde{A}\right)^{\mathrm{T}} \\ 0 & -\gamma P_2 & \tilde{G}^{\mathrm{T}} \\ \tilde{A}+\Delta\tilde{A} & \tilde{G} & -P_1^{-1} \end{bmatrix} < 0 \tag{9.11}$$

注意到 $\Delta\tilde{A} = U\Gamma(k)V_1$，于是不等式(9.11)等价于

$$\begin{bmatrix} -\gamma P_1 & 0 & \tilde{A}^{\mathrm{T}} \\ 0 & -\gamma P_2 & \tilde{G}^{\mathrm{T}} \\ \tilde{A} & \tilde{G} & -P_1^{-1} \end{bmatrix} + \begin{bmatrix} 0 & 0 & \left(U\varGamma(k)V_1\right)^{\mathrm{T}} \\ 0 & 0 & 0 \\ U\varGamma(k)V_1 & 0 & 0 \end{bmatrix} < 0 \tag{9.12}$$

显然不等式(9.12)等价于

$$\begin{bmatrix} -\gamma P_1 & 0 & \tilde{A}^{\mathrm{T}} \\ 0 & -\gamma P_2 & \tilde{G}^{\mathrm{T}} \\ \tilde{A} & \tilde{G} & -P_1^{-1} \end{bmatrix} + \begin{bmatrix} 0 \\ 0 \\ U \end{bmatrix} \varGamma(k) \left[V_1 \quad 0 \quad 0\right] + \left(\begin{bmatrix} 0 \\ 0 \\ U \end{bmatrix} \varGamma(k) \left[V_1 \quad 0 \quad 0\right] \right)^{\mathrm{T}} < 0 \tag{9.13}$$

由引理 9.1 和引理 9.2 可以得到存在 $\varepsilon > 0$ 使得

$$\begin{bmatrix} -\gamma P_1 & 0 & \tilde{A}^{\mathrm{T}} \\ 0 & -\gamma P_2 & \tilde{G}^{\mathrm{T}} \\ \tilde{A} & \tilde{G} & -P_1^{-1} \end{bmatrix} + \delta^2 \varepsilon \begin{bmatrix} 0 \\ 0 \\ U \end{bmatrix} \begin{bmatrix} 0 & 0 & U^{\mathrm{T}} \end{bmatrix} + \frac{1}{\varepsilon} \begin{bmatrix} V_1^{\mathrm{T}} \\ 0 \\ 0 \end{bmatrix} \begin{bmatrix} V_1 & 0 & 0 \end{bmatrix} < 0 \tag{9.14}$$

于是可以得到

$$\begin{bmatrix} -\gamma P_1 & 0 & \tilde{A}^{\mathrm{T}} \\ 0 & -\gamma P_2 & \tilde{G}^{\mathrm{T}} \\ \tilde{A} & \tilde{G} & \delta^2 \varepsilon U U^{\mathrm{T}} - \gamma P_1^{-1} \end{bmatrix} + \frac{1}{\varepsilon} \begin{bmatrix} V_1^{\mathrm{T}} \\ 0 \\ 0 \end{bmatrix} \begin{bmatrix} V_1 & 0 & 0 \end{bmatrix} < 0 \tag{9.15}$$

再由引理 9.1 可得不等式(9.15)等价于不等式(9.4)。

9.3　控制器设计

现在回到我们的初始问题，即如何设计控制器使得闭环时变时延网络控制系统(9.3)关于(α,β,R,N)有限时间稳和关于(α,d,β,R,N)有限时间有界。控制器的设计由如下定理给出。

定理 9.2　如果存在正定矩阵Q_1和Q_2，矩阵 L，标量$\varepsilon > 0$和$\gamma \geqslant 1$，使得如下的线性矩阵不等式成立：

$$\begin{bmatrix} -\gamma Q_1 & 0 & \left(\tilde{A}Q_1 + \tilde{B}LS\right)^{\mathrm{T}} & \left(V_1 Q_1 + V_2 LS\right)^{\mathrm{T}} \\ 0 & -\gamma Q_2 & \tilde{G}^{\mathrm{T}} & 0 \\ \tilde{A}Q_1 + \tilde{B}LS & \tilde{G} & \delta^2 \varepsilon U U^{\mathrm{T}} - \gamma P_1^{-1} & 0 \\ V_1 Q_1 + V_2 LS & 0 & 0 & -\varepsilon I \end{bmatrix} < 0 \tag{9.16}$$

$$\frac{\lambda_5}{\lambda_4} \gamma^N \alpha^2 + \lambda_5 \lambda_6 \gamma^N d^2 < \beta^2 \tag{9.17}$$

其中

$$\lambda_4 = \lambda_{\min}(\tilde{Q}_1), \quad \lambda_5 = \lambda_{\max}(\tilde{Q}_1), \quad \lambda_6 = \lambda_{\max}(Q_2)$$

$$\tilde{Q}_1 = R^{\frac{1}{2}} Q_1 R^{\frac{1}{2}}, \quad S = \begin{bmatrix} I & 0 \\ 0 & 0 \end{bmatrix}, \quad Q_1 = \begin{bmatrix} Q_{11} & 0 \\ 0 & Q_{12} \end{bmatrix}$$

则控制增益矩阵 $\tilde{K}=LSQ_1^{-1}$ 能使得闭环系统(9.3)关于 (α,d,β,R,N) 有限时间有界。

证明　一方面，在定理 8.1 中，令 $Q_1=P_1^{-1},Q_2=P_2$，则不难得出条件(9.5)和条件(9.17)是等价的；另一方面，令 $\hat{A}=\tilde{A}+\tilde{B}\tilde{K},\hat{V}=V_1+V_2\tilde{K}$，则条件(9.4)可以重新写为

$$\begin{bmatrix} -\gamma P_1 & 0 & \hat{A}^{\mathrm{T}} & \hat{V}^{\mathrm{T}} \\ 0 & -\gamma P_2 & \tilde{G}^{\mathrm{T}} & 0 \\ \hat{A} & \tilde{G} & \delta^2\varepsilon UU^{\mathrm{T}}-\gamma P_1^{-1} & 0 \\ \hat{V}_1 & 0 & 0 & -\varepsilon I \end{bmatrix}<0 \tag{9.18}$$

于是可以得到

$$\begin{bmatrix} -\gamma P_1 & 0 & \left(\tilde{A}+\tilde{B}\tilde{K}\right)^{\mathrm{T}} & \left(V_1+V_2\tilde{K}\right)^{\mathrm{T}} \\ 0 & -\gamma P_2 & \tilde{G}^{\mathrm{T}} & 0 \\ \tilde{A}+\tilde{B}\tilde{K} & \tilde{G} & \delta^2\varepsilon UU^{\mathrm{T}}-\gamma P_1^{-1} & 0 \\ V_1+V_2\tilde{K} & 0 & 0 & -\varepsilon I \end{bmatrix}<0 \tag{9.19}$$

在不等式(9.19)两端分别左乘右乘矩阵 $\begin{bmatrix} Q_1 & 0 & 0 & 0 \\ 0 & I & 0 & 0 \\ 0 & 0 & I & 0 \\ 0 & 0 & 0 & I \end{bmatrix}$ 和 $\begin{bmatrix} Q_1 & 0 & 0 & 0 \\ 0 & I & 0 & 0 \\ 0 & 0 & I & 0 \\ 0 & 0 & 0 & I \end{bmatrix}^{\mathrm{T}}$ 可以得到

$$\begin{bmatrix} -\gamma Q_1 & 0 & Q_1\left(\tilde{A}+\tilde{B}\tilde{K}\right)^{\mathrm{T}} & Q_1\left(V_1+V_2\tilde{K}\right)^{\mathrm{T}} \\ 0 & -\gamma Q_2 & \tilde{G}^{\mathrm{T}} & 0 \\ \left(\tilde{A}+\tilde{B}\tilde{K}\right)Q_1 & \tilde{G} & \delta^2\varepsilon UU^{\mathrm{T}}-\gamma P_1^{-1} & 0 \\ \left(V_1+V_2\tilde{K}\right)Q_1 & 0 & 0 & -\varepsilon I \end{bmatrix}<0 \tag{9.20}$$

令 $\tilde{K}Q_1=LS$，即 $\tilde{K}=LSQ_1^{-1}$，可以得到条件(9.4)和条件(9.16)是等价的。

9.4 数值例子

考虑如下的时变时延网络控制系统：

$$\dot{x}(t)=\begin{bmatrix}0 & 1\\ 0 & 0\end{bmatrix}x(t)+\begin{bmatrix}0\\ 1\end{bmatrix}u(t)+\begin{bmatrix}1 & 0\\ 0 & 1\end{bmatrix}w(t)$$

选取采样周期 $h=0.5\text{s}$，假设时变时延网络控制系统的最小时延为 $\tau_{\min}=0.2\text{s}$，最大时延为 $\tau_{\min}=0.3\text{s}$，则可以得到闭环系统参数分别为

$$\tilde{A}=\begin{bmatrix}1.0000 & 0.5000 & 0.1050\\ 0 & 1.0000 & 0.3000\\ 0 & 0 & 0\end{bmatrix},\quad \tilde{B}=\begin{bmatrix}0.0200\\ 0.2000\\ 1.0000\end{bmatrix},\quad \tilde{G}=\begin{bmatrix}0.5000 & 0.1250 & 0\\ 0 & 0.5000 & 0\\ 0 & 0 & 0\end{bmatrix}$$

选取 $\alpha=1,d=3,\beta=20,R=I,N=10,\gamma=1.5$，运用定理 9.2 可以得到

$$Q_1=\begin{bmatrix}14.2302 & 0.4681 & 0\\ 0.4681 & 4.6887 & 0\\ 0 & 0 & 4.5697\end{bmatrix},\quad L=\begin{bmatrix}0.0733 & -0.3177 & 0\end{bmatrix}$$

于是可以得到控制增益矩阵为

$$\tilde{K}=LSQ_1^{-1}=\begin{bmatrix}K & 0\end{bmatrix}=\begin{bmatrix}0.0074 & -0.0685 & 0\end{bmatrix}$$

9.5 小　　结

判别时延网络控制系统有限时间稳定是研究时延网络控制系统有限时间控制的基础。一般而言，判断系统有限时间稳定的方法有两种：齐次性方法和 Lyapunov 方法。本书采用 Lyapunov 方法，通过构造适当的 Lyapunov 函数，给出闭环系统的有限时间稳定的充分条件。基于得到的稳定性结果，运用线性矩阵不等式方法，给出使得时变时延网络控制系统的控制器设计方法。

第 10 章　随机丢包网络控制系统的有限时间控制

在采用串行通信方式、共享带宽的网络控制系统中，由于网络带宽有限、网络负载变化不规则，当分布于不同地理位置的传感器、执行器通过网络与控制器交换数据时，不仅存在网络时延，而且可能存在数据接收出错和数据包丢失。

10.1　模 型 建 立

考虑一类线性时不变系统

$$\dot{x}(t)=\bar{A}x(t)+\bar{B}u(t)+\bar{G}w(t) \tag{10.1}$$

其中，$x(t)\in R^n$ 和 $u(t)\in R^m$ 分别表示系统状态和控制输入；$w(t)\in R^p$ 表示系统外部扰动；$\bar{A}$ 、$\bar{B}$ 、$\bar{G}$ 为对应的适当维数矩阵。该系统的网络控制结构可以用图 10.1 描述。

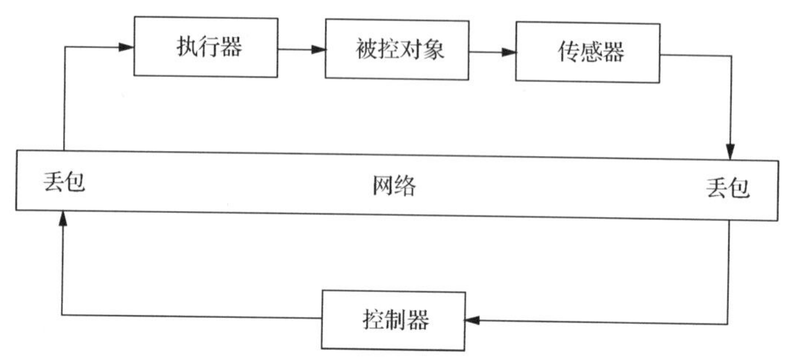

图 10.1　随机丢包网络控制系统

假设传感器的采样周期为 h，运用离散化方法，(10.1)的离散化系统模型可表示为

$$x(k+1)=Ax(k)+Bu(k)+Gw(k) \tag{10.2}$$

其中，$A=\mathrm{e}^{\bar{A}h},B=\int_0^h \mathrm{e}^{As}\bar{B}\mathrm{d}s,G=\int_0^h \mathrm{e}^{\bar{A}s}\bar{G}\mathrm{d}s$ 。

假设数据包在 $i_k,(k=1,2,\cdots)$ 时刻成功传输，则 $I=\{i_1,i_2,\cdots\}$ 表示从传感器到执行器数据成功传输的时间点序列，且为 $N=\{1,2,\cdots\}$ 的子序列。

状态反馈控制器为

$$u(k)=Kx(k) \tag{10.3}$$

其中，K 是待设计的控制增益矩阵。

定义丢包过程

$$r(i_k)=i_{k+1}-i_k \tag{10.4}$$

则 $\{r(i_k),i_k\geqslant 0\}$ 取值于 $S=\{1,2,\cdots,s\}$，其中

$$s=\max_{i_k\in I}(i_{k+1}-i_k)$$

假设相邻两次成功传输系统受到的扰动不变，可得到丢包闭环网络控制系统

$$x(i_{k+1})=\left(A^{r(i_k)}+\sum_{r=0}^{r(i_k)-1}A^rBK\right)x(i_k)+\left(\sum_{r=0}^{r(i_k)-1}A^rG\right)w(i_k),\quad i_k\in I \tag{10.5}$$

令

$$A_{r(i_k)}=A^{r(i_k)},\quad B_{r(i_k)}=\sum_{r=0}^{r(i_k)-1}A^rB,\quad G_{r(i_k)}=\sum_{r=0}^{r(i_k)-1}A^rG$$

则丢包闭环网络控制系统(10.5)可以表示为

$$x(i_{k+1})=\left(A_{r(i_k)}+B_{r(i_k)}K\right)x(i_k)+G_{r(i_k)}w(i_k),\quad i_k\in I \tag{10.6}$$

定义 10.1　对于系统(10.6)，当 $w(i_k)=0$ 时，系统(10.6)关于 (α,β,R,i_N) 有限时间稳定的，如果

$$x^{\mathrm T}(i_0)Rx(i_0)\leqslant\alpha^2\Rightarrow x^{\mathrm T}(i_k)Rx(i_k)\leqslant\beta^2,\quad i_k\in\{i_1,\cdots,i_N\}$$

其中，R 为正定矩阵，i_N 为自然数，$0<\alpha<\beta$。

定义 10.2　当 $w(i_k)\neq 0$ 时，且 $w(i_k)$ 满足 $\sum_{k=1}^{N}w^{\mathrm T}(i_k)w(i_k)\leqslant d^2$，系统(10.6)

关于(α,d,β,R,i_N)有限时间有界的，如果

$$x^{\mathrm{T}}(i_0)Rx(i_0)\leqslant\alpha^2\Rightarrow x^{\mathrm{T}}(i_k)Rx(i_k)\leqslant\beta^2,\quad i_k\in\{i_1,\cdots,i_N\}$$

其中，R为正定矩阵，i_N为自然数，$0<\alpha<\beta$。

10.2 稳定性分析

本节主要讨论系统(10.6)在控制增益矩阵 K 已知的情况下关于(α,β,R,i_N)有限时间稳性和关于(α,d,β,R,i_N)有限时间有界性问题，从而为下一节有限时间稳定性和有限时间有界性控制器设计奠定基础。我们有如下的定理。

定理 10.1 如果存在正定矩阵X和Q，标量$\gamma\geqslant1$，使得如下的线性矩阵不等式成立：

$$\begin{bmatrix}-\gamma X & 0 & X(A_i+B_iK)^{\mathrm{T}}\\ 0 & -\gamma Q & G_i^{\mathrm{T}}\\ (A_i+B_iK)X & G_i & -X\end{bmatrix}<0 \tag{10.7}$$

$$\frac{\lambda_2}{\lambda_1}\gamma^N\alpha^2+\frac{\lambda_3}{\lambda_1}\gamma^N d^2<\beta^2 \tag{10.8}$$

其中

$$\lambda_1=\lambda_{\min}\left(R^{-\frac{1}{2}}X^{-1}R^{-\frac{1}{2}}\right),\quad \lambda_2=\lambda_{\max}\left(R^{-\frac{1}{2}}X^{-1}R^{-\frac{1}{2}}\right),\quad \lambda_3=\lambda_{\max}(Q)$$

则系统(10.6)关于(α,d,β,R,i_N)有限时间有界。

证明 选取如下的 Lyapunov 函数：

$$V\left(x(i_{k+1})\right)=x^{\mathrm{T}}(i_{k+1})Px(i_{k+1})$$

其中，$P=X^{-1}$。那么我们得到

$$V\left(x(i_{k+1})\right)=\begin{bmatrix}x(i_k)\\ w(i_k)\end{bmatrix}^{\mathrm{T}}\begin{bmatrix}(A_i+B_iK)^{\mathrm{T}}P(A_i+B_iK) & (A_i+B_iK)^{\mathrm{T}}PG_i\\ G_i^{\mathrm{T}}P(A_i+B_iK) & G_i^{\mathrm{T}}PG_i\end{bmatrix}\begin{bmatrix}x(i_k)\\ w(i_k)\end{bmatrix} \tag{10.9}$$

在矩阵不等式(10.7)两端分别左乘右乘矩阵$\begin{bmatrix} P & 0 & 0 \\ 0 & I & 0 \\ 0 & 0 & I \end{bmatrix}$和$\begin{bmatrix} P & 0 & 0 \\ 0 & I & 0 \\ 0 & 0 & I \end{bmatrix}^{\mathrm{T}}$以得到

$$\begin{bmatrix} -\gamma P & 0 & (A_i + B_i K)^{\mathrm{T}} \\ 0 & -\gamma Q & G_i^{\mathrm{T}} \\ A_i + B_i K & G_i & -P^{-1} \end{bmatrix} < 0 \tag{10.10}$$

由引理 1.1 可知，不等式(10.10)等价于

$$\begin{bmatrix} (A_i + B_i K)^{\mathrm{T}} P (A_i + B_i K) & (A_i + B_i K)^{\mathrm{T}} P G_i \\ G_i^{\mathrm{T}} P (A_i + B_i K) & G_i^{\mathrm{T}} P G_i \end{bmatrix} < \begin{bmatrix} \gamma P & 0 \\ 0 & \gamma Q \end{bmatrix} \tag{10.11}$$

由不等式(10.9)和(10.11)可以得到

$$V\left(x(i_{k+1})\right) < \gamma V\left(x(i_k)\right) + \gamma w^{\mathrm{T}}(i_k) Q w(i_k) \tag{10.12}$$

反复运用不等式(10.12)可以得到

$$V\left(x(i_k)\right) \leqslant \lambda_2 \gamma^k \alpha^2 + \lambda_3 \gamma^k d^2 \tag{10.13}$$

另一方面

$$V\left(x(i_k)\right) = x^{\mathrm{T}}(i_k) P x(i_k) \geqslant \lambda_1 x^{\mathrm{T}}(i_k) R x(i_k) \tag{10.14}$$

综合不等式(10.13)和(10.14)可以得到

$$x^{\mathrm{T}}(i_k) R x(i_k) \leqslant \frac{\lambda_2}{\lambda_1} \gamma^N \alpha^2 + \frac{\lambda_3}{\lambda_1} \gamma^N d^2 < \beta^2 \tag{10.15}$$

由有限时间有界性定义可知系统(10.6)关于$(\alpha, d, \beta, R, i_N)$有限时间有界。

10.3 控制器设计

本节主要研究如何设计控制器使得闭环随机丢包网络控制系统(10.6)关于$(\delta, \varepsilon, R, N)$有限时间稳和关于$(\delta, \alpha, \varepsilon, R, N)$有限时间有界性问题。控制

器的设计由如下定理给出。

定理 10.2　如果存在正定矩阵 X 和 Q，矩阵 Y，标量 $\gamma \geqslant 1$，使得如下的线性矩阵不等式成立：

$$\begin{bmatrix} -\gamma X & 0 & XA_i^{\mathrm{T}} + Y^{\mathrm{T}} B_i^{\mathrm{T}} \\ 0 & -\gamma Q & G_i^{\mathrm{T}} \\ A_i X + B_i Y & G_i & -X \end{bmatrix} < 0 \tag{10.16}$$

$$\frac{\lambda_2}{\lambda_1}\gamma^N \alpha^2 + \frac{\lambda_3}{\lambda_1}\gamma^N d^2 < \beta^2 \tag{10.17}$$

其中

$$\lambda_1 = \lambda_{\min}\left(R^{-\frac{1}{2}} X^{-1} R^{-\frac{1}{2}}\right),\ \lambda_2 = \lambda_{\max}\left(R^{-\frac{1}{2}} X^{-1} R^{-\frac{1}{2}}\right),\ \lambda_3 = \lambda_{\max} Q$$

则系统(10.6)关于 $(\alpha, d, \beta, R, i_N)$ 有限时间有界，且控制增益矩阵为 $K = YX^{-1}$。

证明　如果式(10.7)和式(10.8)成立，由定理 10.1 可知系统(10.6)关于 $(\alpha, d, \beta, R, i_N)$ 有限时间有界。在(10.7)中，令 $Y = KX$，则不等式(10.16)与式(10.7)等价，即 $K = YX^{-1}$ 时，系统(10.6)关于 $(\alpha, d, \beta, R, i_N)$ 有限时间有界。

10.4　数值例子

考虑如下的随机丢包网络控制系统：

$$\dot{x}(t) = \begin{bmatrix} -1 & 0 & -0.5 \\ 1 & -0.5 & 0 \\ 0 & 0 & 0.5 \end{bmatrix} x(t) + \begin{bmatrix} 0 \\ 0 \\ 1 \end{bmatrix} u(t) + \begin{bmatrix} 1 \\ 1 \\ 1 \end{bmatrix} w(t)$$

假设丢包上界为 $s = 4$。令传感器的采样周期为 $h = 0.5\mathrm{s}$，则得离散系统为

$$x(k+1) = \begin{bmatrix} 0.6065 & 0 & -0.2258 \\ 0.3445 & 0.7788 & -0.0536 \\ 0 & 0 & 1.2840 \end{bmatrix} x(k) + \begin{bmatrix} -0.0582 \\ -0.0093 \\ 0.5681 \end{bmatrix} u(k) + \begin{bmatrix} 0.3353 \\ 0.5310 \\ 0.5681 \end{bmatrix} w(k)$$

由于 A 的特征值分别为 0.7788、0.6065、1.2840，离散系统是不稳定的。并选取 $\alpha=1,d=1,\beta=2,R=I,i_N=10,\gamma=1$，运用定理 10.2，我们可以得到如下控制增益矩阵：

$$K=\begin{bmatrix}0.0433 & 0.0275 & -1.0493\end{bmatrix}$$

10.5　小　　结

本章采用 Lyapunov 方法，通过构造适当的 Lyapunov 函数，得到了系统在转移概率完全未知情况下的稳定性分析结果。在分析结果的基础上，我们给出了使系统可镇定的控制器设计方法。下一步我们的研究方向主要有两方面：一方面，研究系统状态转移概率部分已知和转移概率已知的丢包网络控制系统的有限时间控制问题；另一方面，我们将用三种不同的方法，固定权、自由权和非放缩的方法给出闭环丢包网络控制系统的有限时间稳定的充分条件，在分析结果的基础上，运用线性矩阵不等式方法给出有限时间稳定和有限时间有界的控制器设计方法，同时，比较固定权、自由权和非放缩的方法这三种不同方法的优劣。

第11章　时延丢包网络控制系统的有限时间控制

在存在串行通信方式和共享带宽的网络控制系统中，由于网络协议、网络负载、信息优先级、信息长度、网络速率、节点间距离、采样技术和信息调度算法等诸多因素的影响不可避免的会产生网络诱导时延。而且，由于受网络节点偶尔发生通信故障、频繁的通信冲突以及信道的干扰等因素的影响，还会产生数据包传输失败即数据包丢失的现象。

11.1　模 型 建 立

考虑线性时不变系统

$$\dot{x}(t) = Ax(t) + Bu(t) + Gw(t) \tag{11.1}$$

其中，$x(t) \in R^n$ 和 $u(t) \in R^m$ 分别表示系统状态和控制输入；A、B 为对应的适当维数矩阵。

考虑到网络时延和丢包的因素，系统(11.1)可写成

$$\dot{x}(t) = Ax(t) + \gamma(t)Bu(t\text{-}\tau(t)) + Gw(t) \tag{11.2}$$

其中，$\tau(t)$ 为时变的网络时延；$\gamma(t)$ 为随机矩阵。当控制输入数据包丢失时；$\gamma(t)$ 取零矩阵，当控制输入数据包收到时，$\gamma(t)$ 取单位矩阵。假设的采样周期为 h，传感器为时间驱动，控制器和执行器为事件驱动，网络时延 $0 \leqslant \tau(t) \leqslant \kappa h$。图 11.1 给出了数据包的传输示意图。

将系统(11.2)离散化

$$x(k+1) = A_s x(k) + B_0(k)\tilde{u}(k) + B_1(k)\tilde{u}(k-1) + \cdots + B_d(k)\tilde{u}(k-\kappa) + G_s w(k) \tag{11.3}$$

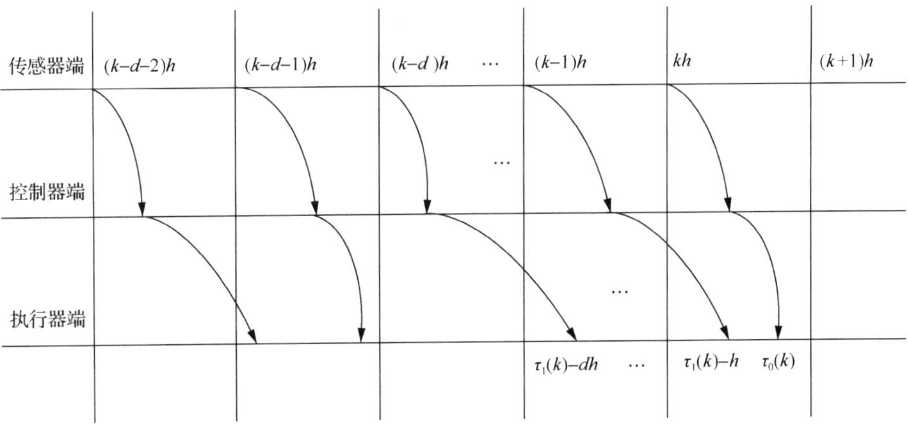

图 11.1　数据包传输示意图

其中

$$A_s = \mathrm{e}^{Ah}$$

$$G_s = \int_0^h \mathrm{e}^{As} G\mathrm{d}s$$

$$\tilde{u}(k-i) = \gamma(k-i)u(k-i)$$

$$B_i(k) = \int_{\tau_i(k)-ih}^{\tau_{i\text{-}1}(k)-(i-1)h} \mathrm{e}^{A(h-s)} B\varphi\big(h-\tau_{i\text{-}1}(k)-\tau_i(k)\big)\varphi\big(\tau_i(k)-ih\big)\mathrm{d}s$$

$$B_0(j) = \int_{\tau_0(k)}^{h} \mathrm{e}^{A(h-s)} B\varphi\big((k+1)h-\tau_0(k)\big)\mathrm{d}s$$

$$\varphi(x) = \begin{cases} 1, & x \geqslant 0 \\ 0, & x < 0 \end{cases}$$

定义增广向量

$$\tilde{x}(k) = \left[x^{\mathrm{T}}(k), u^{\mathrm{T}}(k-1), \cdots, u^{\mathrm{T}}(k-\kappa)\right]^{\mathrm{T}}$$

可以得到系统(11.3)的等价模型

$$\tilde{x}(k+1) = A(k)\tilde{x}(k) + B(k)\tilde{u}(k) + \tilde{G}w(k) \tag{11.4}$$

其中

$$A(k)=\begin{bmatrix} A & \gamma(k-1)B_1(k) & \cdots & \gamma(k-1)B_1(k) & \cdots & \gamma(k-1)B_1(k) \\ 0 & 0 & \cdots & 0 & \cdots & 0 \\ 0 & I & \ddots & \vdots & & \vdots \\ \vdots & 0 & I & 0 & \cdots & 0 \\ \vdots & \vdots & \ddots & \ddots & \ddots & \vdots \\ 0 & 0 & \cdots & 0 & I & 0 \end{bmatrix}$$

$$B(k)=\begin{bmatrix} \gamma(k)B_0(k) \\ I \\ 0 \\ 0 \\ \vdots \\ 0 \end{bmatrix}, \quad \tilde{G}=\begin{bmatrix} G_s \\ I \\ 0 \\ 0 \\ \vdots \\ 0 \end{bmatrix}$$

考虑到系统(11.2)通过离散化结合增广向量方法得到的系统(11.4)为时变系统，在稳定性分析和控制器设计等方面极大地增加了计算的复杂性。本节将基于确定等价性和随机过程理论，将时延丢包网络控制系统建模为线性时不变系统，再讨论其有限时间控制问题。基于确定等价性和随机过程理论，时变系统(11.4)可近似表示为如下线性时不变系统

$$\tilde{x}(k+1)=\tilde{A}\tilde{x}(k)+\tilde{B}\tilde{u}(k)+\tilde{G}w(k) \tag{11.5}$$

其中

$$A=\begin{bmatrix} A & \mu_1 & \cdots & \mu_{d-1} & \mu_d \\ 0 & 0 & \cdots & 0 & 0 \\ 0 & I & \ddots & \vdots & 0 \\ \vdots & \ddots & \ddots & 0 & \vdots \\ 0 & \cdots & 0 & I & 0 \end{bmatrix}, \quad B=\begin{bmatrix} \mu_0 \\ I \\ 0 \\ \vdots \\ 0 \end{bmatrix}$$

$$\begin{aligned} \mu_0 &= \lim_{k\to\infty}\frac{1}{k}\sum_{j=1}^{k}\gamma_{j-i}B_0(j) \\ &= \lim_{k\to\infty}\frac{1}{k}\sum_{j=1}^{k}\gamma_{j-i}\int_{\tau_0(j)}^{h} e^{A(h-s)}B\varphi\big((k+1)h-\tau_0(j)\big)ds \end{aligned}$$

$$
\begin{aligned}
\mu_i &= \lim_{k\to\infty}\frac{1}{k}\sum_{j=1}^{k}\gamma_{j-i}B_i(j)\\
&= \lim_{k\to\infty}\frac{1}{k}\sum_{j=1}^{k}\gamma_{j-i}\int_{\tau_i(j)-ih}^{\tau_{i\text{-}1}(j)-(i-1)h}\mathrm{e}^{A(h-s)}B\varphi\big(h-\tau_{i\text{-}1}(j)-\tau_i(j)\big)\varphi\big(\tau_i(j)-ih\big)\mathrm{d}s
\end{aligned}
$$

考虑如下形式的状态反馈控制器：

$$
\tilde{u}(k)=K\tilde{x}(k) \tag{11.6}
$$

其中，K 是待设计的控制增益矩阵。

于是得到闭环系统为

$$
\tilde{x}(k+1)=\left(\tilde{A}+\tilde{B}K\right)\tilde{x}(k)+\tilde{G}w(k) \tag{11.7}
$$

定义 11.1　对于系统(11.7)，当 $w(k)=0$ 时，系统(11.7)关于 (α,β,R,N) 有限时间稳定的，如果

$$
\tilde{x}^{\mathrm{T}}(0)R\tilde{x}(k)\leqslant\alpha^2\Rightarrow\tilde{x}^{\mathrm{T}}(k)R\tilde{x}(k)\leqslant\beta^2,\quad k\in\{1,\cdots,N\}
$$

其中，R 为正定矩阵，N 为自然数，$0<\alpha<\beta$。

定义 11.2　当 $w(k)\neq 0$ 时，且 $w(k)$ 满足 $\sum_{k=1}^{N}w^{\mathrm{T}}(k)w(k)\leqslant d^2$，系统(11.7)关于 (α,d,β,R,N) 有限时间有界的，如果

$$
\tilde{x}^{\mathrm{T}}(0)R\tilde{x}(k)\leqslant\alpha^2\Rightarrow\tilde{x}^{\mathrm{T}}(k)R\tilde{x}(k)\leqslant\beta^2,\quad k\in\{1,\cdots,N\}
$$

其中，R 为正定矩阵，N 为自然数，$0<\alpha<\beta$。

11.2　稳定性分析

本节主要讨论系统(11.7)在控制增益矩阵 K 已知的情况下关于 (α,β,R,N) 有限时间稳性和关于 (α,d,β,R,N) 有限时间有界性问题。我们有如下的定理。

定理 11.1　给定状态反馈控制增益矩阵 K，如果存在正定矩阵 P_1 和 P_2，标量 $\gamma\geqslant 1$，使得如下的线性矩阵不等式成立：

$$\begin{bmatrix} \left(\tilde{A}+\tilde{B}K\right)^{\mathrm{T}} P_1\left(\tilde{A}+\tilde{B}K\right)-\gamma P_1 & \left(\tilde{A}+\tilde{B}K\right)^{\mathrm{T}} P_1\tilde{G} \\ \tilde{G}^{\mathrm{T}}P_1\left(\tilde{A}+\tilde{B}K\right) & \tilde{G}^{\mathrm{T}}P_1\tilde{G}-\gamma P_2 \end{bmatrix}<0 \tag{11.8}$$

$$\frac{\lambda_2}{\lambda_1}\gamma^N\alpha^2+\frac{\lambda_3}{\lambda_1}\gamma^N d^2<\beta^2 \tag{11.9}$$

其中

$$\lambda_1=\lambda_{\min}(\tilde{P}_1),\quad \lambda_2=\lambda_{\max}(\tilde{P}_1),\quad \lambda_3=\lambda_{\max}(P_2),\quad \tilde{P}_1=R^{-\frac{1}{2}}P_1R^{-\frac{1}{2}}$$

则系统(11.7)关于(α,d,β,R,N)有限时间有界。

证明　选取如下的李雅谱诺夫函数：

$$V(\tilde{x}(k))=\tilde{x}^{\mathrm{T}}(k)P_1x(k)$$

于是我们得到

$$\begin{aligned} V\left(\tilde{x}(k+1)\right)&=\tilde{x}^{\mathrm{T}}(k+1)P_1\tilde{x}(k+1) \\ &=\left[\left(\tilde{A}+\tilde{B}K\right)\tilde{x}(k)+\tilde{G}\tilde{w}(k)\right]^{\mathrm{T}} P_1\left[\left(\tilde{A}+\tilde{B}K\right)\tilde{x}(k)+\tilde{G}\tilde{w}(k)\right] \\ &=\begin{bmatrix}\tilde{x}(k)\\ \tilde{w}(k)\end{bmatrix}^{\mathrm{T}}\begin{bmatrix} \left(\tilde{A}+\tilde{B}K\right)^{\mathrm{T}} P_1\left(\tilde{A}+\tilde{B}K\right) & \left(\tilde{A}+\tilde{B}K\right)^{\mathrm{T}} P_1\tilde{G} \\ \tilde{G}^{T}P_1\left(\tilde{A}+\tilde{B}K\right) & \tilde{G}^{T}P_1\tilde{G} \end{bmatrix}\begin{bmatrix}\tilde{x}(k)\\ \tilde{w}(k)\end{bmatrix} \end{aligned}$$

由条件(11.8)可以得到

$$V\left(\tilde{x}(k+1)\right)\leqslant\gamma V\left(\tilde{x}(k)\right)+\gamma\tilde{w}^{\mathrm{T}}(k)P_2\tilde{w}(k) \tag{11.10}$$

反复运用条件(11.10)可以得到

$$\begin{aligned} V\left(\tilde{x}(k)\right)&\leqslant\gamma^k V\left(\tilde{x}(0)\right)+\sum_{j=1}^{k}\gamma^j\tilde{w}^{\mathrm{T}}(k-j)P_2\tilde{w}(k-j) \\ &=\gamma^k\left(V\left(\tilde{x}(0)\right)+\sum_{j=1}^{k}\gamma^{j-k}\tilde{w}^{\mathrm{T}}(k-j)P_2\tilde{w}(k-j)\right) \\ &\leqslant\gamma^k\left(V\left(\tilde{x}(0)\right)+\lambda_3\sum_{j=1}^{k}\gamma^{j-k}\tilde{w}^{\mathrm{T}}(k-j)\tilde{w}(k-j)\right) \end{aligned}$$

因为$\gamma \geqslant 1$，所以

$$V\left(\tilde{x}(k)\right) \leqslant \gamma^k \left(V\left(\tilde{x}(0)\right) + \lambda_3 \sum_{j=1}^{k} \gamma^{j-k} \tilde{w}^{\mathrm{T}}(k-j) \tilde{w}(k-j) \right) \leqslant \gamma^N \left(\lambda_2 \alpha^2 + \lambda_3 d^2 \right) \tag{11.11}$$

另一方面

$$V\left(\tilde{x}(k)\right) = \tilde{x}^{\mathrm{T}}(k) P_1 \tilde{x}(k) \geqslant \lambda_1 \tilde{x}^{\mathrm{T}}(k) R \tilde{x}(k) \tag{11.12}$$

由不等式(11.11)和式(11.12)可以得到

$$\tilde{x}^{\mathrm{T}}(k) R \tilde{x}(k) \leqslant \frac{\lambda_2}{\lambda_1} \gamma^N \alpha^2 + \frac{\lambda_3}{\lambda_1} \gamma^N d^2 < \beta^2 \tag{11.13}$$

由定义 11.2 可知系统(11.7)关于(α, d, β, R, N)有限时间有界。

11.3　控制器设计

基于 11.2 节得到的稳定性结果，本节主要讨论如何设计控制器使得闭环时延丢包网络控制系统(11.7)关于(α, β, R, N)有限时间稳定和关于(α, d, β, R, N)有限时间有界。控制器的设计由如下定理给出。

定理 11.2　如果存在正定矩阵Q_1和Q_2，矩阵L，标量$\varepsilon > 0$和$\gamma \geqslant 1$，使得如下的线性矩阵不等式成立：

$$\begin{bmatrix} -\gamma Q_1 & 0 & \left(\tilde{A} Q_1 + \tilde{B} L\right)^{\mathrm{T}} \\ 0 & -\gamma Q_2 & \tilde{G}^{\mathrm{T}} \\ \tilde{A} Q_1 + \tilde{B} L & \tilde{G} & -Q_1 \end{bmatrix} < 0 \tag{11.14}$$

$$\frac{\lambda_5}{\lambda_4} \gamma^N \alpha^2 + \lambda_5 \lambda_6 \gamma^N d^2 < \beta^2 \tag{11.15}$$

其中

$$\lambda_4=\lambda_{\min}\tilde{Q}_1,\ \lambda_5=\lambda_{\max}\tilde{Q}_1,\ \lambda_6=\lambda_{\max}Q_2,\ \tilde{Q}_1=R^{\frac{1}{2}}Q_1R^{\frac{1}{2}}$$

则控制增益矩阵 $\tilde{K}=LQ_1^{-1}$ 能使得闭环系统(11.7)关于 (α,d,β,R,N) 有限时间有界。

证明　一方面，在定理 11.1 中，令 $Q_1=P_1^{-1},Q_2=P_2$，则不难得出条件(10.9)和条件(11.15)是等价的。另一方面，令 $\hat{A}=\tilde{A}+\tilde{B}K$，结合 $Q_1=P_1^{-1},Q_2=P_2$，条件(11.8)可以重新写为下列形式：

$$\begin{bmatrix}\hat{A}^{\mathrm{T}}Q_1^{-1}\hat{A}-\gamma Q_1^{-1} & \hat{A}^{\mathrm{T}}Q_1^{-1}\tilde{G}\\ \tilde{G}^{\mathrm{T}}Q_1^{-1}\hat{A} & \tilde{G}^{\mathrm{T}}Q_1^{-1}\tilde{G}-\gamma Q_2\end{bmatrix}<0 \tag{11.16}$$

在不等式(11.16)两端分别左乘右乘矩阵 $\begin{bmatrix}Q_1 & 0\\ 0 & I\end{bmatrix}$ 和 $\begin{bmatrix}Q_1 & 0\\ 0 & I\end{bmatrix}^{\mathrm{T}}$ 可以得到

$$\begin{bmatrix}Q_1\hat{A}^{\mathrm{T}}Q_1^{-1}\hat{A}Q_1-\gamma Q_1 & Q_1\hat{A}^{\mathrm{T}}Q_1^{-1}\tilde{G}\\ \tilde{G}^{\mathrm{T}}Q_1^{-1}\hat{A}Q_1 & \tilde{G}^{\mathrm{T}}Q_1^{-1}\tilde{G}-\gamma Q_2\end{bmatrix}<0 \tag{11.17}$$

由引理 1.1 可知不等式(11.17)等价于

$$\begin{bmatrix}Q_1\hat{A}^{\mathrm{T}}Q_1^{-1}\hat{A}Q_1-\gamma Q_1 & Q_1\hat{A}^{\mathrm{T}}Q_1^{-1}\tilde{G} & 0\\ \tilde{G}^{\mathrm{T}}Q_1^{-1}\hat{A}Q_1 & \tilde{G}^{\mathrm{T}}Q_1^{-1}\tilde{G}-\gamma Q_2 & \tilde{G}^{\mathrm{T}}\\ 0 & \tilde{G} & -Q_1\end{bmatrix}<0 \tag{11.18}$$

在不等式(11.18)两端分别左乘右乘矩阵 $\begin{bmatrix}I & 0 & -Q_1\hat{A}^{\mathrm{T}}Q_1^{-1}\\ 0 & I & 0\\ 0 & 0 & I\end{bmatrix}$ 和 $\begin{bmatrix}I & 0 & -Q_1\hat{A}^{\mathrm{T}}Q_1^{-1}\\ 0 & I & 0\\ 0 & 0 & I\end{bmatrix}^{\mathrm{T}}$ 可以得到

$$\begin{bmatrix}-\gamma Q_1 & 0 & Q_1\hat{A}^{\mathrm{T}}\\ 0 & -\gamma Q_2 & \tilde{G}^{\mathrm{T}}\\ \hat{A}Q_1 & \tilde{G} & -Q_1\end{bmatrix}<0 \tag{11.19}$$

令 $KQ_1 = L$，即 $K = LQ_1^{-1}$，可以得到条件(11.15)和条件(11.19)是等价的。

11.4 数值例子

考虑如下的时延丢包网络控制系统：

$$\dot{x}(t) = \begin{bmatrix} 1.38 & -0.2077 & 6.715 & -5.676 \\ -0.5814 & -4.29 & 0 & 0.675 \\ 1.067 & 4.273 & -6.654 & 5.893 \\ 0.048 & 4.273 & 1.343 & -2.104 \end{bmatrix} x(t) + \begin{bmatrix} 0 & 0 \\ 5.679 & 0 \\ 1.136 & -3.146 \\ 1.136 & 0 \end{bmatrix} u(t)$$

假设时延上界 $\kappa = 2$，传感器到控制器时延的均值 $E\{\tau_{sc}\} = 0.08\text{s}$，控制器到执行器时延均 $E\{\tau_{ca}\} = 0.15\text{s}$，数据包丢失服从 $p = 0.3$ 的伯努利分布。令传感器的采样周期为 $h = 0.1\text{s}$，根据确定等价性原理得离散系统系数矩阵为

$$\tilde{A} = \begin{bmatrix} 1.48 & 0.04 & 1.47 & -1.23 & 0.02 & -0.19 & 0.01 & -0.1 \\ -0.10 & 0.45 & -0.13 & 0.20 & 0.46 & 0.01 & 0.15 & 0 \\ 0.07 & 0.54 & -0.18 & 1.09 & 0.36 & -0.22 & 0.16 & -0.07 \\ -0.18 & 0.54 & -1.33 & 2.21 & 0.35 & -0.03 & 0.16 & -0.02 \\ 0 & 0 & 0 & 0 & 0 & 0 & 0 & 0 \\ 0 & 0 & 0 & 0 & 0 & 0 & 0 & 0 \\ 0 & 0 & 0 & 0 & 0 & 0 & 0 & 0 \\ 0 & 0 & 0 & 0 & 0 & 0 & 0 & 0 \end{bmatrix}$$

$$\tilde{B} = \begin{bmatrix} 0.0056 & 0.2361 & 0.1338 & 0.1337 & 1 & 0 & 0 & 0 \\ -0.0636 & 0.0014 & -0.1170 & -0.0110 & 0 & 1 & 0 & 0 \end{bmatrix}$$

选取 $\alpha = 1, \beta = 2.8, R = I, N = 10, \gamma = 1$，运用定理 11.2，我们可以得到如下控制增益矩阵：

$$K = \begin{bmatrix} -0.0749 & -0.4731 & 0.5115 & -1.0385 & -0.4314 & 0.0808 & -0.1493 & 0.0317 \\ 0.8835 & 0.1122 & 1.1682 & -0.9149 & 0.1210 & -0.2687 & 0.0322 & -0.0744 \end{bmatrix}$$

11.5 小　　结

本章基于 Lyapunov 方法，结合线性矩阵不等式理论，给出闭环时延丢包网络控制系统的有限时间稳定的充分条件。基于得到的有限时间稳定性条件，给出使得系统有限时间稳定的控制器设计。

参 考 文 献

[1] Halevi Y, Ray A. Integrated communication and control systems: Part Ⅰ-Analysis[J]. Journal of Dynamic Systems, Measurement and Control, Transactions ASME, 1988, 110: 367-373.

[2] Ray A, Halevi Y. Integrated communication and control systems: Part Ⅱ- Design considerations[J]. Journal of Dynamic Systems, Measurement and Control, Transactions ASME, 1988, 110: 374-381.

[3] Liou L W, Ray A. Integrated communication and control systems: Part Ⅲ-Nonidentical sensor and controller sampling[J]. Journal of Dynamic Systems, Measurement and Control, Transactions ASME, 1990, 112: 357-364.

[4] Walsh G C, Ye H, Bushnell L. Stability analysis of networked control systems[C]. Proceedings of the American Control Conference, San Diego, 1999, 4: 2876-2880.

[5] 顾红军, 张佐, 吴秋峰. 网络控制系统的实时特性分析及数据传输技术[J]. 计算机工程与应用, 2001, 37(6): 38-40.

[6] Hong S H, Kim W H. Bandwidth allocation scheme in CAN protocol[J]. IEE Proceedings: Control Theory and Applications, 2000, 147(1): 37-44.

[7] Liu X, Goldsmith A. Wireless medium access control in networked control systems[C]. Proceedings of the American Control Conference, Boston, 2004.

[8] Ye H, Walsh G C, Bushnell L. Wireless local area networks in the manufacturing industry[C]. Proceedings of the American Control Conference, Chicago, 2000.

[9] Eker J, Cervin A, Horjel A. Distributed wireless control using bluetooth[C]. Proceedings of IFAC Conference on New Technologies for Computer Control, Hong Kong, 2001.

[10] 王岩, 孙增圻. 网络控制系统分析与设计[M]. 北京: 清华大学出版社, 2009.

[11] Montestruque L A, Antsaklis P. Stability of model-based networked control systems with time-varying transmission times[J]. IEEE Transactions on Automatic Control, 2004, 49(9): 1562-1572.

[12] Yang S H, Chen X, Alty J L. Design issues and implementation of Internet-based process control systems[J]. Control Engineering Practice, 2003, 11(6): 709-720.

[13] Jamahl W O, Anthony T. An Internet-based real-time control engineering laboratory[J]. IEEE Control Systems Magazine, 1999, 19(5): 320-336.

[14] 王庆鹏, 谈大龙, 陈宁. 基于 Internet 的机器人控制中的网络延时测试及分析[J]. 机器

人, 2001, 23(4): 316-321.

[15] 彭刚, 黄心汉, 蒋毅. 网络延时和负荷变化对基于网络的遥操作机器人系统的影响和解决方法[J]. 计算机工程与应用, 2002, 11: 12-15.

[16] Yodyium T. Gain scheduling for networked control system[D]. Department of Electrical and Computer Engineering, North Carolina State University, 2003.

[17] Murray R M, Astrom K J, Boyd S P, et al. Future directions in control in an information-rich world[J]. IEEE Control Systems Magazine, 2003, 23: 20-33.

[18] Hespanha J P, Naghshtabrizi P, Xu Y G. A survey of recent results in networked control systems[J]. Proceedings of the IEEE, 2007. 95(1): 138-162.

[19] Tipsuwan Y, Chow M Y. Control methodologies in networked control systems[J]. Control Engineering Practice, 2003, 11: 1099-1111.

[20] Zhang W, Yu L. Output feedback stabilization of networked control systems with packet dropouts[J]. IEEE Transactions on Automatic Control, 2007, 52(9): 1705-1710.

[21] Zhivoglyadov P V, Middleton R H. Networked control design for linear systems[J]. Automatica, 2003, 39: 743-750.

[22] Huo Z H, Fang H J. Fault-tolerant control research for networked control system under communication constraints[J]. Acta Automatica Sinica, 2006, 32: 659-666.

[23] 王志良. 信息社会中的自动化新技术[M]. 北京: 机械工业出版社, 2007.

[24] 周祖德. 基于网络环境的智能控制[M]. 北京: 国防工业出版社, 2004.

[25] 汪小帆, 李翔, 陈关荣, 复杂网络理论及其应用[M]. 北京: 清华大学出版社, 2006.

[26] 郑文波. 网络控制技术[M]. 北京: 清华大学出版社, 2001.

[27] 谢希仁. 计算机网络[M]. 北京: 电子工业出版社, 2003.

[28] 张庆灵, 邱占芝. 网络控制系统[M]. 北京: 科学出版社, 2007.

[29] Luck R, Ray A. An observer based compensation for distributed delays[J]. Automatica, 1990, 26(5): 903-908.

[30] Liou L W, Ray A. Experimental verification of a delay compensation algorithm for integrated communication and control systems[J]. International Journal of Control, 1994, 59(6): 1357-1372.

[31] Shen J H, Ray A. Extended discrete-time LTR synthesis of delayed control systems[J]. Automatica, 1993, 29(2): 431-438.

[32] 于之训, 陈辉堂, 王月娟. 具有随机通信延迟和噪声干扰的网络系统控制[J]. 控制与决策, 2000, 15(5): 518-522.

[33] 于之训, 陈辉堂, 蒋平. 具有传输延迟的网络控制系统中状态观测器的设计[J]. 信息

与控制, 2000, 15(3): 125-130.

[34] Krotolica R, Ozguner U, Chen H, et al. Stability of linear feedback system with random communication delays[J]. International Journal of Control, 1994, 59(4): 925-953.

[35] Xiao L, Hassibi A, How J P. Control with random communication delays via a discrete-time jump system approach[C]. Proceedings of the American Control Conference, Chicago, Illinois, June, 2000: 2199-2204.

[36] Zhang L, Shi Y, Chen T, et al. A new method for stabilization of networked control systems with random delays [J]. IEEE Trans. Automat. Control, 2005, 50(8): 1177-1181.

[37] Shi Y, Yu B. Output feedback stabilization of networked control systems with random delays modeled by Markov chains [J]. IEEE Trans. Autom. Control, 2009, 54(7): 1668-1674.

[38] Walsh G C, Beldiman O, Bushnell L G. Asymptotic behavior of nonlinear networked control systems [J]. IEEE Trans. Autom. Control, 2001, 46(7): 1093-1097.

[39] Walsh G C, Ye H, Bushnell L G. Stability analysis of networked control systems[J]. IEEE Transaction on Control System Technology, 2002, 3(10): 438-446.

[40] Zhang W. Stability and analysis of networked vontrol systems[D]. Cleveland: Case Western Reserve University, 2001.

[41] Zhang W, Branicky M S, Philips S M. Stability of networked control systems[J]. IEEE Control Systems Magazine, 2001, 21(1): 84-99.

[42] Nesic D, Teel A R. Input-output stability properties of networked control systems[J]. IEEE Trans. Autom. Control, 2004, 49(10): 1650-1667.

[43] Carnevale D, Teel A R, Nesic D. A Lyapunov proof of an improved maximum allowable transfer interval for networked control systems [J]. IEEE Trans. Autom. Control, 2007, 52(5): 892-897.

[44] Tabbara M, Nesic D, Teel A R. Stability of wireless and wireline networked control systems [J]. IEEE Trans. Autom. Control, 2007, 52(9): 1615-1630.

[45] Jentzen A, Leber F, Schneisgen D, et al. An improved maximum allowable transfer intervalfor L_p-stability of networked control systems[J]. IEEE Trans. Autom. Control, 2010, 55(1): 179-184.

[46] Nilsson J, Bernhardsson B. Analysis of real time control systems with time delays[C]. Proceeding of the 35th IEEE CDC, Kobe, 1996: 3173-3178.

[47] Nillsson J, Bernhardsson B. LQG control over a Markov communication network[C]. Proceeding of the 36th IEEE CDC, San Diego, 1997: 4586-4591.

[48] Nilsson J. Real time control systems with delays[D]. Lund: Dept. Automatic Control, Lund Institute of Technology, 1998.

[49] Nilsson J, Bernhardsson B, Wittenmark B. Stochastic analysis and control of real-time systems with random timedelays[J]. Automatica, 1998, 34(1): 57-64.

[50] Hu S S, Zhu Q X. Stochastic optimal control and analysis of stability of networked control systems with long delay[J]. Automatica, 2003, 39(11): 1877-1884.

[51] Montestruque L A, Antsaklis P J. On the model-based control of networked systems[J]. Automatica, 2003, 39(9): 1837-1843.

[52] Montestruque L A, Antsaklis P J. State and output feedback control in model-based networked control system[C]. Proceedings of IEEE Conference on Decision and Control, Las Vegas, 2002.

[53] Montestruque L A, Antsaklis P J. Stability of model-based networked control systems with time-varying transmission times[J]. IEEE Trans. Autom. Control, 2004, 49(9): 1562-1572.

[54] Goktas F. Distributed control of systems over communication networks[D]. Pennsylvania: University of Pennsylvania, 2000.

[55] 于之训, 陈辉堂, 王月娟. 基于 H_∞ 和 μ 综合的闭环网络控制系统的设计[J]. 同济大学学报, 2001, 29(3): 307-311.

[56] 谢林柏, 方华京, 纪志成, 等. 时延网络化控制系统的 H_2/H_∞ 混合控制[J]. 控制理论与应用, 2004, 21(6): 1020-1024.

[57] 朱张青, 周川, 胡维礼. 短时延网络控制系统的鲁棒 H_2/H_∞ 状态观测器设计[J]. 控制与决策, 2005, 20(3): 280-284.

[58] 邱占芝, 张庆灵, 杨春雨. 基于广义系统的网络控制系统的分析与建模[J]. 东北大学学报, 2005, 26(5): 409-412.

[59] 熊远生, 俞立, 余世明. 网络控制系统的滑模多步预估控制[J]. 控制理论与应用, 2005, 22(2): 301-306.

[60] 黄剑. 网络化控制系统的建模、稳定与控制研究[D]. 武汉: 华中科技大学, 2005.

[61] 田仲, 岳继光, 李永东. DMC 在网络控制系统中的应用[J]. 控制工程, 2004, 11(2): 121-123.

[62] Narendra K S, Balakrishnan J. A common Lyapunov function for stable LTI systems with commuting a matrices[J]. IEEE Trans. Autom. Control, 1994, l2: 2469-2471.

[63] Margaliot M, Liberzon D. Stability of switched systems: A Lie-algebraic condition[J]. Systems and Control Letters, 1999, 37: 117-122.

[64] Branicky M S. Multiple Lyapunov functions and other analysis toofs for switched and hybrid systems[J]. IEEE Trans acticns on Automatic Control, 1998(4): 186-200.

[65] Yu M, Wang L, Chu T, et al. Stabilization of networked control systems with datapacket dropout and network delays via switching system approach[C]. Proc. of the 43rd Conf. on Decision and Control, Atlantis, 2004: 3539-3544.

[66] Yu M, Wang L, Chu T, et al. An LMI approach to networked control systems with datapacket dropout and transmission delays[C]. Proc. of the 43rd Conf. on Decision and Control, Atlantis, 2004: 3545-3550.

[67] Sun H Y, Hou C Z. Stability of networked control systems with data packet dropout and multiple-packet transmission[J]. Control and Decision, 2005, 20(5): 511-515.

[68] 刘振安, 葛愿. 基于数据包丢失的网络控制系统的稳定性分析[J]. 工业控制计算机, 2005, 18(6): 11-12.

[69] Qiang L, Micheal D L. Robust performance of soft real-time networked control systems with data dropouts[C]. Proc. of the 41st Conf. on Decision and Control, Las Vegas, 2002: 1225-1230.

[70] Qiang L, Micheal D L. Optimal dropout compensation in networked control systems[C]. Proceedings of the 42nd IEEE Conference on Decision and Control, Hawaii, 2003.

[71] Qiang L, Micheal D L. Power spectral analysis of networked control systems with data dropouts[J]. IEEE Transactions on Automatic Control, 2004 , 49(4): 955-959.

[72] Zhivoglyadov P V, Middleton R H. Networked control design for linear systems[J]. Automatic, 2003, 39(4): 743-750.

[73] Azimi-Sadjadi B. Stability of networked control systems in the presence of packetlosses[C]. Proceedings of the Conference on Decision and Control, Hawaii, 2003: 676-681.

[74] Xiong J L, James L. Stabilization of linear systems over networks with bounded packet loss[J]. Automatica, 2007, 43: 80-87.

[75] Lin H, Zhai G S, Antsaklis P J. Robust stability and disturbance atttenuation analysis of a class of networked control systems[C]. Proceedings of the 42nd IEEE Conference on Decision and Control, Hawaii, 2003, 2: 1182-1187.

[76] Seiler P, Sengupta R. Analysis of communication losses in vehicle control problems[C]. Proceedings of the American Control Conference, Arlingten, 2001, 2: 1491-1496.

[77] Lu L, Xie L, Fu M. Optimal contro of networked systems with limited communication: A combined heuristic and convex optimization approach[C]. Proceedings of the 42nd IEEE Conference on Decision and Control, Hawaii, 2003: 1194-1199.

[78] Lin H, Antsaklis P J. Stability and persistent disturbance attenuation properties for a class of networked control systems: Switched system approach[J]. Int. J. of Control, 2005,78(18): 1447-1458.

[79] Cloosterman M B G, Wouw N V D, Heemels W P M H, et al. Stabilization of networked control systems with large delays and packet dropouts[C]. 2008 American Control Conference, Westin Seattle Hotel, Seattle, 2008: 4991-4996.

[80] Li H B, Sun Z Q. Stabilization of networked control systems with time delay and packet dropout-Part Ⅰ[C]. Proceedings of the IEEE International Conference on Automation and Logistics, Jinan, 2007: 3006-3011.

[81] Li H B, Sun Z Q. Stabilization of networked control systems with time delay and packet dropout-Part Ⅱ[C]. Proceedings of the IEEE International Conference on Automation and Logistics, Jinan, 2007: 3012-3017.

[82] Yue D, Han Q L, Peng C. State feedback controller design for networked control systems[J]. IEEE Trans. Circ. Sys., 2004, 51(11): 640-644.

[83] Naghshtabrizi P, Hespanha J. Designing observer-based controller for network control system[C]. Proceedings of the IEEE Conference on Decision and control, 2005, 4: 2876-2880.

[84] 窦连旺, 刘鲁源, 陈玉柱. 基于时滞理论的网络控制系统稳定性分析[J]. 天津大学学报, 2005, 38(1): 22-26.

[85] 邱占芝, 张庆灵. 一类多输入多输出网络控制系统的稳定性分析[J]. 控制与决策, 2005, 20(5): 525-528.

[86] Lian F L, Moyne J, Tilbury D. Optimal controller design and evaluation for a class of networked control systems with distributed constant delays[C]. Proceeding of the American Control Conference, Anchorage, 2002: 3009-3014.

[87] 樊卫华, 蔡骅, 周川, 等. MIMO 网络控制系统的建模与分析[J]. 控制理论与应用, 2005, 22(3): 487-497.

[88] Lian F L, Moyne J, Tilbury D. Analysis and modeling of networked control system: MIMO case with multiple time delays[C]. Proceeding of the American Control Conference, Arlington, 2001: 4306-4312.

[89] 戴建国, 崔宝同. 多输入多输出网络控制系统的绝对稳定性分析[J]. 系统工程与电子技术, 2009, 31(7): 1705-1709.

[90] 郭彩霞, 向峥嵘. MIMO 网络控制系统的控制器设计[J]. 控制工程, 2007, 14(3): 263-265.

[91] Yang J, Wang X D. Stability of a class of networked control systems [C]. Proceedings of the 5th World Congress on Intelligent Control and Automation, Hangzhou, 2004: 1401-1405.

[92] Sun Y, Qin S. Asymptotic stability analysis of nonlinear real-time networked control systems[J]. Journal of Control Theory and Applications, 2009, 7(4): 384-388.

[93] 王艳，胡维礼. 非线性网络控制系统的稳定性分析[J]. 东南大学学报，2005, 35: 142-145.

[94] Peng C, Tian Y C, Tade M O. State feedback controller design of networked control systems with interval time-varing delay and nonlinearity[J]. Int. J. Robust Nonlinear Control, 2008, 18: 1285-1301.

[95] Sun J, Liu G P. State feedback and output feedback control of a class of nonlinear systems with delayed measurements[J]. Nonlinear Analysis, 2007, 67: 1623-1636.

[96] Zhou L, Xiao X Q, Lu G P. Stabilization for networked control systems with nonlinear perturbation[C]. Proceedings of the 17th IFAC World Congress, Seoul, 2008: 6336-6341.

[97] Polushin L G, Liu P X, Lung C H. On the model-based approach to nonlinear networked control systems[J]. Automatica, 2008, 44(9): 2409-2414.

[98] Savkin A V, Cheng T M. Detectability and output feedback stability of nonlinear networked control systems[J]. IEEE Transactions on Automatic Control, 2007, 52(4): 730-735.

[99] Hong S H. Scheduling algorithm of data sampling times in the integrated communication and control systems[J]. IEEE Transactions on Control Systems Technology, 1995, 3(2): 225-230.

[100] Walsh G C, Beldiman O, Bushnell L G. Asymptotic behavior of networked control system[C]. IEEE International Conference on Control Application, Hawaii, 1999: 1448-1453.

[101] Walsh G C, Beldiman O, Bushnell L G. Error encoding algorithms for networked control systems[C]. Proceedings of the 38th IEEE Conference on Decsion and Conrtol, Phoenix, 1999, 5: 4933-4938.

[102] Luck R, Ray A. Experimental verification of a delay compensation algorithm for integrated communication and control systems[J]. International Journal of Control, 1994, 59(6): 1357-1372.

[103] Bushnell L G, Beldiman O V, Walsh G C. An equivalence between a control network and a switched hybrid system[C]. International workshop on Hybrid Systems Computation

and Control, California, 1998: 13-15.

[104] Yu Z X, Chen H T, Wang Y J. Research on control of network system with Markov delay characteristic[C]. Proceedings of the 3rd World Congress on Intelligent Controland Automation, Hefei, 2000, 5: 3636-3640.

[105] Mahmoud M S. Networked control systems analysis and design: An overview [J]. Arab J Sci Eng, 2016, 41: 711-758.

[106] Matveev A S, Savkin A V. The problem of LQG optimal control via a limited capacity communication channel[J]. Systems and Control Letters, 2004, 53 (1) : 51-64.

[107] Almutairi N B. Adaptive fuzzy modulation for networked PI control systems[D]. Raleigh: North Carolina State Uuniversity, 2002.

[108] Almutairi N B, Chow M. PI parameterization using adaptive fuzzy modulation for networked control systems-Part Ⅰ: Partial adaptation[C]. IEEE 2002 28th Annual Conference of the Industrial Electronics Society, Sevilla, 2002: 3152-3157.

[109] Almutairi N B, Chow M. PI parameterization using adaptive fuzzy modulation for networked control systems-Part Ⅱ: Full adaptation[C]. IEEE 2002 28th Annual Conference of the Industrial Electronics Society, Sevilla, 2002: 3158-3163.

[110] Topsuwan Y, Chow M Y. Network-based controllera daptation based on QoS negotiation and deterioration[A]. The 27th Annual Conference of the IEEE Industrial Electronics Society, Denver, 2001: 1794-1799.

[111] Almutairi N B, Chow M, Tipsuwan Y. Network-based controlled DC motor with fuzzy compensation[A]. The 27th Annual Conference of the IEEE Industrial Electronics Society, Denver, 2001: 1844-1849.

[112] Zhang H G, Yang D D. Guaranteed cost networked control for T-S fuzzy systems with time delays[J]. IEEE Transactions on Systems, Man, and Cybernetics: Part C-Applications and Reviews, 2007, 37 (2) : 160-172.

[113] Zhang H G, Yang J. T-S fuzzy-model-based robust H_∞ design for networked control systems with uncertainties[J]. IEEE Transactions on Industrial Informatics, 2007, 3 (4) : 289-301.

[114] Tipsuwan C. Gain scheduler middleware: A methodology to enable existing controllers for networked control and teleportation[J]. IEEE Transactions on Industrial Electronic, 2004, 51 (6) : 1218-1227.

[115] Tipsuwan C. On the gain scheduling for networked PI controller over IP network[J]. IEEE/ASMS Transactions on Mechatronics, 2004, 9 (3) : 491-498.

[116] Patankar R. A model for fault-tolerant networked control systems using TTP/C communication[J]. IEEE Transactions on Vehicular Technology, 2004, 53(5): 1461-1467.

[117] 郑英. 网络化控制系统的故障诊断与容错控制[D]. 武汉: 华中科技大学, 2004.

[118] Ding S H, Li S H. A survey of finite-time control problems [J]. Control and Decision, 2011, 26(2): 161-169.

[119] Xiang W, Xiao J. Finite-time stability and stabilisation for switched linear systems[J]. International Journal of Systems Science, 2013, 44(2): 384-400.

[120] Amato F, Tommasi G, Pironti A. Necessary and sufficient conditions for finite-time stability of impulsive dynamical linear systems[J]. Automatica, 2013, 49(8): 2546-2550.

[121] Khoo S, Yin J, Man Z, et al. Finite-time stabilization of stochastic nonlinear systems in strict-feedback form[J]. Automatica, 2013, 49(5): 1403-1410.

[122] Dorato P. Short-time stability[J]. IRE Transactions on Automatic Control, 1961, 6(1): 86.

[123] Weiss L, Infante E F. On the stability of systems defined over a finite-time interval[C]. Proceedings of the National Academy of Sciences of the United States of American, Washington, 1965: 44-48.

[124] Weiss L, Infante E F. Finite time stability under perturbing forces and on product spaces[J]. IEEE Transactions on Automatic Control, 1967, 12(1): 54-59.

[125] Mastellone S, Abdallah C T, Dorato P. Model-based networked control for finite-time stability of nonlinear systems: The deterministic case[C]. Proceedings of the 13th Mediterranean Conference on Control and Automation, Limassol, 2005: 1085-1090.

[126] Mastellone S, Abdallah C T, Dorato P. Model-based networked control for finite-time stability of nonlinear systems: The stochastic case[C]. Proceedings of the 13th Mediterranean Conference on Control and Automation, Limassol, 2005: 1091-1096.

[127] Mastellone S, Abdallah C T, Dorato P. Stability and finite-time stability analysis of discrete-time nonlinear networked control systems[C]. Proceedings of the 2005 American Control Conference, Portland, 2005: 1239-1244.

[128] Shang Y, Zhang L. Finite-time stabilization of linear systems over networks with bounded packet dropout[J]. Journal of Convergence Information Technology, 2012, 7(12): 762-769.

[129] Sun Y, Li G. Finite-time stability and stabilization of networked control systems with bounded Markovian packet dropout[J]. Discrete Dynamics in Nature and Society. (Accepted).

[130] Sun Y. Finite-time boundedness and stabilization of networked control systems with bounded packet dropout[J]. International Journal of Systems Science, DOI: 10.1080/00207721.2012.759632.

[131] Zhang Y, Cheng W, Mu X, et al. Stochastic H-infinity finite-time control of discrete-time systems with packet loss[J]. Mathematical Problems in Engineering, Volume 2012, Article ID 897481, 15 pages.

[132] Shang Y, Gao F. Finite-time stabilization of networked control systems subject to communication delay[J]. International Journal of Advancements in Computing Technology, 2011, 3 (3) : 192-198.

[133] Sun Y, Xu J. Finite-time boundedness and stabilization of networked control systems with time delay[J]. Mathematical Problems in Engineering, Volume 2012, Article ID 705828, 12 pages.

[134] Shang Y, Gao F. Finite-time H-infinity control of networked control systems with norm-bounded disturbance[J]. Journal of Convergence Information Technology, 2012, 7 (2) : 29-37.

[135] Li L, Sun Y. Robust finite-time control for networked control systems[C]. Proceedings of the 32th Chinese Control Conference, 2013: 6752- 6755.

[136] Gao F, Yuan Z, Yuan F. Finite-time control synthesis of networked control systems with time-varying delays[J]. Advances in Information Sciences and Service Sciences, 2011, 3 (7) : 1-9.

[137] Xue W, Mao W. Asymptotic stability and finite-time stability of networked control systems: Analysis and synthesis [J]. Asian Journal of Control, 2013, 15 (5) : 1376-1384.

[138] Boyd S, Ghaoui L, Feron E, et al. Linear Matrix Inequalities in Systems and Control Theory[M]. Philadelphia: SIAM, 1994.

[139] Sanchez E N, Perez J P. Input-to-stability analysis for dynamic NN[J]. IEEE Transactions on Circuits System-I, 1999, 46: 1395-1398.

[140] Boukas E K. Static output feedback control for stochastic hybrid systems: LMI approach[J]. Automatica, 2006, 42 (1) : 183-188.

[141] Hale J K. Theory of Functional Differential Equation[M]. New York: Springer, 1977.

[142] Gu K. An integral inequality in the stability problem of time delay systems[C]. IEEE Control Systems Society and Proceedings of IEEE Conference on Decision and Control, IEEE Publisher, New York, 2000.

[143] Xie L. Output feedback H_∞ control of systems with parameter uncertainty[J]. Int.

Journal of Control, 1996, 63: 741-750.

[144] Su J H. Further results on the robust stability of linear systems with a single time delay[J]. Syst. Control Lett., 1994, 23: 375-379.

[145] Li X, Souza C E. Delay-dependent robust stability and stabilization of uncertain linear delay systems: A linear matrix inequality approach[J]. IEEE Trans. Autom. Control, 1997, 42: 1144-1148.

[146] Liu P L, Su T J. Robust stability of interval time-delay systems with delay dependence[J]. Syst. Control Lett., 1998, 33: 231-239.

[147] Lu C Y, Tsai J S H, Su T J. On improved delay-dependent robust stability criteria for uncertain systems with multi-state delays[J]. IEEE Trans. Circuits Syst., 2002, 49(2): 253-256.

[148] Yan H C, Huang X H, Wang M, et al. Delay-dependent stability criteria for a class of networked control systems with multi-input and multi-output[J]. Chaos, Soliton. Fract., 2007, 34(5): 997-1005.

[149] 甘永梅, 李庆丰, 刘晓娟, 等. 现场总线技术及其应用[M]. 北京: 机械工业出版社, 2004.

[150] Fletcher M, Brennan R W, Norrie D H. Modeling and reconfiguring intelligent holonic manufacturing systems with Internet-based mobile agents[J]. Journal of Intelligent Manufacturing, 2003, 14: 7-23.

[151] Zhang S, Zhu S, Lin Q, et al. NETLAB—An Internet based laboratory for electrical engineering education[J]. Journal of Zhejiang University, 2005, 6A(5): 393-398.

[152] Fantoni I, Lozano R. Stabilization of the Furuta pendulum around its homoclinic orbit[J]. Int. Journal of Control, 2002, 75(6): 390-398.

[153] Gordillo F, Acosta J A, Aracil J. A new swing-up law for the Furuta pendulum[J]. Int. Journal of Control, 2003, 76(8): 836-844.

[154] Sorenson A, Shiriaev A S. Friction compensation in the Furuta pendulum for stabilizing rotational modes [C]. IEEE Conference on Decision and Control, Orlando, 2001: 3772-3777.

[155] Carlos A I, Hebertt S R. A linear differential flatness approach to controlling the Furuta pendulum [J]. IMA Journal of Mathematical Control and Information, 2007, 24 (1): 31-45.

[156] Nair S, Leonard N E. A normal form for energy shaping: Application to the Furuta pendulum[C]. IEEE Conference on Decision and Control, Las Vegas, 2002: 516-521.

[157] Acosta J A, Aracil J, Gordillo F. Nonlinear control strategies for the Furuta pendulum [J]. Control and Intelligent Systems, 2001, 29 (3): 101-107.

[158] Ding H S, Li Y P, Mao J Q. Dynamic switching control for the swing-up and stabilizing control of the Furuta pendulum [C]. IEEE Conference on Industrial Electronics and Applications, Singapore, 2006: 1-5.

[159] Astroem K J, Furuta K. Swinging up a pendulum by energy control[J]. Automatica, 2000, 36(2): 287-295.

[160] Carlos A I, Juan H A. Stabilization of the Furuta pendulum based on Lyapunov function[J]. Nonlinear Dynamics, 2007, 49(1): 1-8.